# 进步就是成功

## 北京市石景山区红旗小学教育教学成果集

红旗小学 ◎ 编

陕西新华出版传媒集团
太白文艺出版社·西安

## 图书在版编目（CIP）数据

进步就是成功：北京市石景山区红旗小学教育教学成果集 / 红旗小学编. -- 西安：太白文艺出版社，2022.11

ISBN 978-7-5513-2223-2

Ⅰ.①进… Ⅱ.①红… Ⅲ.①小学教育－教育研究－文集 Ⅳ.①G622.0-53

中国版本图书馆CIP数据核字(2022)第163941号

进步就是成功：北京市石景山区红旗小学教育教学成果集
JINBU JIUSHI CHENGGONG: BEIJINGSHI SHIJINGSHANQU HONGQIXIAOXUE JIAOYUJIAOXUE CHENGGUOJI

红旗小学 编

| | |
|---|---|
| 出版统筹 | 安　子 |
| 责任编辑 | 谢　天　王　琦 |
| 封面设计 | 安帛图文设计中心 |
| 出版发行 | 陕西新华出版传媒集团<br>太 白 文 艺 出 版 社 |
| 经　　销 | 新华书店 |
| 印　　刷 | 涿州军迪印刷有限公司 |
| 开　　本 | 710mm×1000mm　1/16 |
| 字　　数 | 200千字 |
| 印　　张 | 14.5 |
| 版　　次 | 2022年11月第1版 |
| 印　　次 | 2022年11月第1次印刷 |
| 书　　号 | ISBN 978-7-5513-2223-2 |
| 定　　价 | 59.80元 |

版权所有　翻印必究
如有印装质量问题，可寄出版社印制部调换
联系电话：029-81206800
出版社地址：西安市曲江新区登高路1388号（邮编：710061）
营销中心电话：029-87277748

# 编 委 会

主 任：路彦芬

副主任：陆 楠 杨 莹

委 员：（按姓氏笔画顺序）

| 丁志云 | 东晓艳 | 田 耕 | 白丽莎 | 朱 旭 |
| 伊彩文 | 齐 羽 | 许 欣 | 孙月华 | 孙彦伟 |
| 李 丹 | 李欣华 | 李建武 | 李晓如 | 杨 晴 |
| 张 萌 | 陈玉凤 | 陈林林 | 陈 晨 | 陈 曦 |
| 赵肖月 | 洪雪颖 | 袁莹槟 | 贾 丹 | 徐 鹤 |
| 唐雪晴 | 黄建华 | 康 艳 | 韩 同 | 韩晓芹 |

# 前 言

  西山脚下、永定河边，有一所美丽的学校——北京市石景山区红旗小学。在绿树葱茏中，在蓝天白云下，在流水潺潺中，一群又一群孩子懵懵懂懂地来了，在这里从容地长大，带来一个个生命成长的故事。

  北京市石景山区红旗小学建校于1958年，曾是一所部队子弟小学。红旗小学教师团队是石景山区一道亮丽的风景线，是有着高学历的群体，拥有最年轻的高级教师、最年轻的市区骨干教师，还拥有石景山区唯一的教师演讲团，北京市最年轻的师德先锋、首席班主任。他们是最爱读书的教师团队，也是走在教学前沿的优秀团队。

  红旗小学以"进步就是成功，累积成功，奠基美丽人生"为办学理念，让学生在轻松、和美、互爱、平等的氛围中，自然、快乐地成长。为了践行这样的理念，学校创设了"沁美"课程，内容涵盖品德素养、人文素养、艺术素养、科学兴趣及身心健康五个主题。

  在红旗小学，学生们根据个性自主发展，展示才能，体验实践。学校提倡每个学生在每一学期都能参加一次演出，加入一个社团，走上一个志愿岗位，发展一项特长，得到一枚奖章。学校还开设了小卫士、小诗人、小检查员、红旗讲解员等特色实践课程。选择和诗歌对话的学生，继承了古诗词的精髓；选择形体训练的学生，形成了优雅的气质和健康的体态；选择在实践中探索科学奥秘的学生，立志成为科学达人；选择体育活动的学生，在运动中感受到生命的力量；选择与音乐为伴的学生，在成长的道路上高歌前行……为了让学生们更健康、更安全、更快乐、更自由地成长，这里的桌子、椅子、墙壁都没有棱角，校园的墙就是攀爬墙。

在红旗小学，校长是温暖的，老师是耐心的，教师团队对每一个学生都怀着温柔的期待。

在红旗小学，学生是学校的主人，学校的一切都体现着学生的喜好和需求，从楼道、室外长廊、个性书吧、海报专区到教师风采展示区、信息发布系统……到处都有学生的作品，即便是教师的作品，背后也必定有学生的故事。

这所学校，这些老师，这些故事，最终必将成为学生们最美的珍藏，成为他们心中永恒的阳光，暖暖地呵护着他们，给予他们足够的力量和信心，支持他们坦然地面对未来，走向自己的美丽人生。

身处其中时热爱，走出校门时眷念，感念师恩，感谢母校，这就是学生们眼中的红旗小学，这就是"温暖的、斑斓的、聪慧的、厚道的"红旗小学。

这是一本红旗小学教学成果集，这是一本写满了温暖和思考的教育之书。愿这本书中的故事和案例能够对所有的教师和学生有所启发，有所裨益。

少年智则国智，少年强则国强。红旗飘飘映校园，精忠报国学子心。壮哉，我中华少年！

# 目 录

## 第一部分　杏坛故事

| | | |
|---|---|---|
| 错题纠正的意义 | 孙彦伟 | 002 |
| 以心育人　打造阳光班级 | 洪雪颖 | 005 |
| 尊重生命　把学习转化为乐趣 | 杨　莹 | 010 |
| 在孩子心中播下爱的种子 | 白丽莎 | 017 |

## 第二部分　教学论文

### 第一篇　校本特色

| | | |
|---|---|---|
| 红旗青年教师演讲团在行动 | 路彦芬 | 026 |
| 创城我参与　垃圾分类我践行 | 黄建华 | 031 |
| 少先队中队辅导员工作是一支动听的歌 | 陈玉凤 | 047 |
| 关于布置小学数学作业的思考 | 贾　丹 | 053 |
| 浅谈新时期小学班主任管理方式的创新 | 杨　晴 | 059 |

### 第二篇　学科教研

| | | |
|---|---|---|
| 通过小学数学综合与实践活动提高学生的数学素养 | 陆　楠 | 072 |
| 应用信息技术优化课堂教学 | 陈林林 | 079 |
| 略谈书法教育中核心素养的培养 | 陈　曦 | 083 |
| 在小学数学综合与实践活动中渗透数学思想方法的策略研究 | | |
| ——以"摆一摆，想一想"为例 | 东晓艳 | 087 |
| 让阅读之花在低年级绚丽绽放 | | |
| ——浅谈小学低年级学生良好阅读习惯的培养策略 | 李欣华 | 095 |

| | | |
|---|---|---|
| 表演法在低学段古诗教学中的应用 | | |
| ——以《池上》为例 | 陈　晨 | 102 |
| 关于小学语文课改新思考 | 许　欣 | 109 |
| 有效运用课堂动态生成资源，提高小学英语课堂实效性 | 伊彩文 | 114 |
| 浅谈低段小学科学课堂中激发学生学习兴趣的方法与策略 | 徐　鹤 | 119 |
| 善歌者使人继其声，善教者使人继其志 | | |
| ——探索对听障儿童的音乐教育 | 田　耕 | 124 |
| 基于学科核心素养培养的小学英语"节日体验课程" | | |
| 的实践研究 | 张　萌 | 129 |
| "中国学生发展核心素养"的校本化实践 | | |
| ——在语文课堂教学中渗透美术教育 | 李晓如 | 140 |
| 浅谈培养学生英语思维能力的方法 | 李　丹 | 145 |
| 发现数学　探究数学　运用数学 | | |
| ——"分数的意义"案例分析 | 袁莹槟 | 150 |
| 听障儿童融入小学音乐课的几点尝试 | 赵肖月 | 156 |
| 红旗小学足球队队员基本传接球技术训练现状的调查研究 | 李建武 | 162 |
| 浅谈信息技术课堂教学心得 | 孙月华 | 174 |
| 充满智慧的翻转课堂 | 朱　旭 | 179 |
| 从课内走向课外　为学生营造阳光灿烂的课堂 | | |
| ——小学语文第九册课文《颐和园》课件的制作 | 丁志云 | 184 |
| 抓住教材中的传统文化内容拓展阅读空间 | 唐雪晴 | 194 |
| 心理干预在小学心理教育中的应用 | 康　艳 | 198 |
| 浅谈信息技术与学科教学有效整合中的困惑 | 韩　同 | 204 |

## 第三部分　师德师风

| | | |
|---|---|---|
| 用爱铸造崇高的师德 | 陈林林 | 210 |
| 责任在心　传递爱的正能量 | 杨　晴 | 216 |
| 教师——我无悔的追求 | 伊彩文 | 219 |

# 第一部分　杏坛故事

# 错题纠正的意义

孙彦伟

高中时，我的数学学习陷入了困境，成绩异常糟糕，150分的卷子只能考70多分。进入高三，数学老师换了，他喜欢把自己的学习心得与学生交流，把学数学的方法总结为：敢于做题，总结错题，复习错题。

在高考的前一个月，我觉得其他学科分数不会有多大提升，决定拼一下数学。于是，我把所有的精力都用在做题、整理错题、复习错题上。那段时间虽然学习很辛苦，但也感到了从未有过的充实。在做题中我感觉到自己在进步，自信心逐步提高。高考时最后一道几何题我本打算放弃，但考试快结束时，我的思维突然清晰地理出了解题思路，迅速解答，结果高考成绩让我颇为惊喜——127分！当时我的数学老师都难以置信。

高中的数学学习给了我很大的启发：重视错题是我们进步的阶梯，我们只有在解决一道道错题后才能一步步前进。如今我也当了一名教师，也希望将自己的学习经历与我的学生分享，因而在教学中，我也非常注意学生对待错题的态度。

每学期开学伊始，我都要求学生准备一本较厚的笔记本作为纠错本，把平时作业及考试中出现的典型性错误整理出来，分析错误，找到产生错误的原因，弄懂知识点，避免以后再犯类似的错误，同时还要正确理解并写对答案，以便教师根据纠错本来掌握学生日常作业的认真程度。纠错本既是学生积累学习经验和学习资料的宝库，又是教师改进教学、

第一部分 杏坛故事

探索规律、研究学生的重要依据，是提高教学质量的有效措施之一。

## 一、准备纠错本

### （一）准备专用纠错本，规范纠错本的整理格式

先准备一个专用纠错本，然后按照规范整理错题。纠错本中应设有"错题来源""知识点""错因""正解"等栏目，学生只要按这些分类记录相关信息，就可以轻松有序地完成纠错，巩固容易犯错的知识点，加强重点内容的自我复习。对于一些"深有感触"的题目，可在题后写下解题感悟。

### （二）充分利用纠错本，寻找思维原生态

纠错本是学生自我内化的资源库，学生因此对一正一误两种思想有了正确认识，对一巧一拙两种解法有了深刻体验，对一题多解有了发散思维。另外，我还不定期举行纠错本传阅活动，让学生们取长补短。学生的错误也是最为宝贵的教学资源，教师要充分利用好身边的这个教学资源库。学生有了纠错本，就等同于有了一本自己编写的复习资料；教师有了纠错本，就等同于有了符合学生思维特征的教学设计资料，可谓一举两得。

纠错本对于低年级学生并不适用，因为他们写字较慢，比较浪费时间，所以学生上了四年级之后，我才引导他们开始使用纠错本。

## 二、纠错本的优点

纠错本不仅可以为教师提供复习依据，使教师可以对学生们平时"笔误""通病"等问题进行有重点的复习，还便于教师准确地了解教学中出现的各种偏差，为教师提供较为准确的教学信息，便于教师掌控教

学要点，恰当地引导学生通过自己解题过程中的失误或错误，全面反思自己的学习态度。

纠错有时也不局限于纠错本，在原题上订正也是有效的。对于那些相对怠惰的学生，我们需要不断地督促、帮助他们查漏补缺，并引导小组长监督其修改错题，使其在学习过程中不断地感受到进步，从而逐步增强学习数学的自信心。

同一道题错误的方式不同，代表不同的理解方式。每一种理解方式都是一种思考，通过研究错题找到正确的思路，就和我们实现目标的过程一样，路有很多条，就算我们可能走错路，但最终我们还是会找到正确的路。对这条道路的思考越多，修正错误的方式越多，我们的进步就越大。

# 以心育人　打造阳光班级

洪雪颖

三年前，我结束了自己的大学生活，怀揣梦想走上讲台，成为一名语文老师，成为红旗小学三年级（2）班的班主任。作为一名班主任，我深感责任重大，我的一言一行，必将潜移默化地影响到班级中26名学生的成长。我又将如何引导这个班集体走向未来？我决定，坚持以张弛有度的管理方式约束学生，以精彩的心理课程感染学生，以平等的心态对待学生，以丰富的实践锻炼学生，以昂扬向上的班风熏陶学生。

## 一、以张弛有度的管理方式约束学生

在班级中，为了让每一位学生有归属感，我采取"圆心"德育管理模式。所谓圆心，是指班主任是班级工作的整体规划者，每个学生都作为班级工作的一个圆点，让学生参与到班级管理中来，根据每位学生的能力、特长和性格安排适合他们的职务，让他们承担起属于自己的责任。细心的学生是"小环保员"，负责离开教室时检查是否关灯断电；调皮的学生是"小交警"，负责课间维持班级秩序；热心的学生是"酸奶管理员"，每天午饭过后为同学们分发酸奶和水果，真正做到了26名学生都有自己的职位，每个人都成为班级的主角。这样不仅调动了学生的工作积极性，还锻炼了学生的沟通和管理能力，变被动管理为主动参与。学期末，班级同学对所有学生进行民主评议，我作为班主任，对优秀学生进行奖励。通过"圆心"德育管理，违纪的学生少了，班级气氛好了，家长的肯定多了，我的工作效率也提高了。

## 二、以丰富的心理课程感染学生

我上大学时学的专业是教育心理学，通过学习，我深切地感受到心理健康对孩子们的重要性。我们班大部分学生的家长都是来京务工的外地人，工作都比较忙，有时候难免会忽略孩子们的感受。所以每周我都会抽一节课的时间为学生们上一节心理健康活动课，让他们一起分享成长的喜悦，帮助他们解除面对挫折时的困惑，引导他们树立对生活的信心，扬起他们自信的风帆，发掘他们身上的闪光点。

记得上第一节心理课时，我给孩子们带来了一个新游戏，名叫"优点大轰炸"。我将全班分为四组，每个小组围成一个圆圈，小组内的每位同学轮流坐到圆圈中间，其他的同学每人说出他的一个优点，并举例说明。三年过去了，我还记得在那个凉爽的秋天，孩子们在那堂课上激动得红扑扑的小脸，就连班级里最为内向和羞涩的小邢同学，那天都含着泪花露出了自信的笑容。后来，小邢同学在作文中写道："这节课我会永远记住，第一次上完一节课感觉心里暖暖的，原来在同学们眼中，我也有很多优点，原来那么多的小事，同学们都记在心里。"

天底下没有比得到孩子们发自肺腑的感激和赞美更令人快乐的了，这种甜美的感受并不在于学生的回报，而在于教书育人本身所蕴含的无穷乐趣，以及桃李芬芳时的满足感与成就感。正如孟子所云："得天下英才而教育之，三乐也。"缔造每个孩子的精神世界，是我最大的乐趣。

## 三、以平等的心态对待学生

在大多数学生心里，班主任都是严厉的，但在我看来，在日常生活中，我和学生们是平等的，在面对孩子们不完成作业、不讲卫生这些糟糕的问题时，我不会大声地呵斥他们，而是平等对待每一名学生。我买来两个星星罐，和孩子们一起开展了一场有趣的竞赛：当他们全部完成作业时，他们的星星罐将多一颗星星，反之，当他们没有全部完成作业时，我的星星罐里将多一颗星星；当他们吃饭的时候吵吵闹闹，乱成一团糟的时候，他们又会少一颗星星，而我又会多一颗星星……每个月总结一次，若孩子们的星星多，我会在教室中添置一盆绿植。孩子们被这有趣的竞赛激起了斗志，从买来星星罐的那天起，连总是完不成作业的学生都交上了整齐的作业，而下课总爱追逐打闹的学生也学会了轻声慢步，吃饭时爱说话的学生也学会了"食不言"……学生们和我都认真地投入到这场"比赛"中。第一个月，他们胜利了，当我将一盆兰花放到教室的窗台上时，我看到他们脸上洋溢着骄傲的笑容。

当我不再把他们当成孩子，他们变得更有爱了。在第二个月的比赛中，我发现所有的学生每天都能按时完成作业，下课不打闹，遵守学校各项规定，但是我的星星罐里的星星却莫名其妙地变得多起来，直到有一天，我发现我不在班里的时候，学生们偷偷地在我的星星罐里放进去一颗星星。我好奇地问他们为什么这样做，原来他们已经"赢"了我，他们怕我输了不开心，怕我输了要花钱，于是就偷偷地往我的罐子里放星星。那一刻，我真的被孩子们单纯而美好的爱感动了。

我用教师真诚的爱，赢得了学生纯真的爱。在教育教学过程中，我不满足于现有的知识，不断探索，锐意创新，求真务实，认真地履行自己的职责，始终践行着当一名好教师、好班主任的人生目标，以爱心和责任为中心，注重情感教育，从学生的实际出发。

每天，看着那一张张稚气的笑脸，我没有理由不善待每一个孩子，没有理由不倾尽全力教好他们。看着他们一点点地成长，就是一种无可比拟的幸福！

## 四、以丰富的实践锻炼学生

在我们班,实践活动丰富多彩。学生们都是好奇的,也大都好胜。他们对生活充满了美好的憧憬。他们自己创造了丰富而多彩的校园生活。他们在运动场上摆出惊艳全场的造型,在合唱比赛中唱响令人赞叹的童音,在诵读舞台上展现古代乐府的遗风。

我们班的琳琳同学是一位随班就读生,有轻微的智力障碍。琳琳的妈妈看到女儿穿着纱裙站在舞台上拿着仙女棒唱歌时,眼中闪烁着泪花。演出结束后,琳琳的妈妈发微信给我:"洪老师,感谢您给琳琳这个机会,让她登上这个舞台。我一直很担心孩子在学校里会被其他同学嘲笑,也一直很担心琳琳未来的生活,但是今天,您给了我希望。当我听到表演结束后台下的掌声时,当我看到琳琳精彩的表演时,我终于相信琳琳和其他的孩子是一样的,她也拥有属于自己的快乐童年。以后我们也应学会适当地放手,让琳琳学会照顾自己,享受自己的人生。"

我受到过很多家长的表扬,这是最开心的一次。给琳琳一个上台的机会,她的一生都会因此而发生改变。从那天起,琳琳虽然偶尔还是听不懂课堂上老师讲的内容,但她却会在课后把每一个生字一笔一画认真地写完;琳琳在跑操时还是跟不上其他同学的脚步,但她却会在同学们跑完后,把自己的圈数一步步跑完。现在,琳琳成了我们班的"啦啦队队长",在班级足球比赛中,她用自己画的海报为小运动员们加油喝彩。

## 五、以昂扬向上的班风熏陶学生

在学校"进步就是成功"理念的指引下,学生们每天努力进步一点点,都在争取做更好的自己,争当进步星,争戴五星奖章,争创五星班集体。在学生的感染下,家长们在班级的各种事务中也像一家人一样,群策群力、众志成城。孩子们在我专门为班级开设的"微信群"里讨论作业，家长们在群里交流经验，传递正能量，教师们在群里答疑解惑。我利用"微信群"给孩子们送上生日的祝福，给家长们送上节日的问候。这个"微信群"受到了学校领导的肯定和赞扬，现在已经成为学校各个班级争相效仿的沟通模式。

作为一名班主任，我深感自己身上责任重大，所以我不断地加强学习，不断地提高自己。我向有经验的教师学习，我参加各种培训、各种比赛。作为一名普通而又不平凡的教师，我要为教育事业添光彩，我要为石景山区的教育事业奉献自己的力量，我坚信自己能够成为青年教师的排头兵。通过不断学习新的理论，尝试新的方法，以心育人，把"爱的教育"作为我永恒的研究课题，在班主任这块大画布上大展宏图。

我深深地认识到班主任工作的重要意义就在于班主任是学生德、智、体、美、劳全面发展过程中最重要的培育者，班主任是对学生进行管理教育和素质教育的组织者和领导者，也是青少年成长过程中的引路人。我虽然不能保证每一个同学都成才，但我会用心对待每一个学生，并尽自己的全力让我的学生都"成人"，成为一名对社会、对国家有用的人。

在今后的教育教学工作中，我会更加努力，以高度的事业心和强烈的责任感，全身心地投入到教育教学工作之中。作为一名每天都面对着鲜活而童真的生命的教师，与孩子们相处的每一天都让我体会到了班主任独有的快乐与幸福。同样，我会尽我所能，在孩子们成长的道路上为他们创造丰富多彩的成长环境，让他们享受到课堂生活的美好、班级生活的快乐。我将与他们一起打造阳光班级，共同进步、共同成长。

# 尊重生命　把学习转化为乐趣

杨　莹

她叫媛媛，白净漂亮，如水般的眼眸中流露着单纯与可爱。她很沉默，因为先天性失聪剥夺了她听清"天籁之音"的权利。虽然她戴着昂贵的助听器，但是仍然没办法清楚地听到同学们说些什么，所以她的朋友很少。听她妈妈说，因为听力的关系，她的心智发育明显比同龄孩子滞后两到三岁。她有时候也会制造些"小麻烦"，所有同学都在跟着老师的节奏上课，她却不听老师的指挥，自说自话，很难融入课堂活动中。

作为老师，我知道这样的课堂不适合她，我多想让她拥有对她更为有效的课堂教学，从而更好地发展其智力和能力……因此，我觉得有听力障碍的学生的有效课堂应该做到以下几点。

## 一、量体裁衣定目标

媛媛很乖，课堂上总是静静地坐在位置上，但往往跟不上我的指令，不是答非所问，就是低头不语。在课堂上老师不可能兼顾每一个学生的学习目标，在具体实施课堂教学的过程中，要设定大部分孩子所能完成的目标。如果要求过高，孩子竭尽所能仍然无法实现，久而久之，孩子就会丧失自信，对学习不感兴趣；但又不能把目标定得太低，这样孩子们很容易获得成功，产生愉悦感，时间长了，学习对他们而言也会失去吸引力。如生字教学，在大课堂中，我为所有的学生确定的是一个共同的学习目标——学会一个生字；但对于媛媛，我只要求她能记住字形，能够正确书写，这就算她完成任务了。同一个学习目标，要求不同学生达到的高度不同，但都能获得成功的体验。并且在教学中，有时候我们设定的目标可能过高或过低地估计学生的能力水平，让学生难以或过于轻松地达到目标，出现这样的情况时，我们应该及时调整难度，这样才有利于课堂效率的提高。

## 二、灵活机智变策略

在课堂上，我们应该寻找学生的兴奋点来吸引他们。有时在设计课堂环节时，我们总会以自己已有的知识经验为出发点，站在自己的角度思考如何教，而不是站在学生的角度去思考学生们会如何学，结果我们的课堂总显得沉闷而缺乏活力，学生们总对课堂不感兴趣，难以主动积极地配合老师的教学实践，而老师却埋怨学生"榆木疙瘩不开窍"。对于有听力障碍的学生更是如此。如果我们弯下腰去，站在学生的角度，从学生的视角来看待我们的课堂设计，便会发现，我们的课堂设计有多少误区啊，一点也不像我们所期望的那样灵动和鲜活。

有一天，我在教"荷叶圆圆"的时候，拿了一些图片做展示，其中大部分是同学们熟悉的小动物。我先出示图片，让学生来辨认图片中的动物。当我出示第一张图——圆圆的荷叶时，他们的话匣子一下子打开了。有些学生说见过，有些学生说从电视上看到过。这时媛媛也异常兴奋，我就请她站起来发言。她说："妈妈带我去过北海公园，那儿的池塘里全是荷叶。"此时，孩子们已经不自觉地在生活中寻找图片中的画面了，他们发现这些图片是生活中真实存在的，他们对自己见过这些植物和动物感到自豪和骄傲，于是他们的学习兴趣大大提高。他们的积极性并不是因为看到了超级有趣的课件展示，而是因为他们在生活中有真切的体会。他们的乐趣和兴趣来自他们共有的生活体会、他们共同的外界感受。由此可见，调动孩子的学习积极性并不是特别难，只要换一下课题设计的策略，就能让他们积极参与到课堂实践中来。

### 三、放宽尺度助发展

对普通人来说，我们评价的尺度是客观的、严格的，但对有听力障碍的学生来说，有必要放宽对他们的评价尺度。对于这类学生，我们不能用对待普通学生的标准来对待他们，要多几个尺度，从不同方面对他们进行评价，尽量发掘他们的闪光点，甚至可以说，用放大镜去寻找他们的闪光点。曾经从一篇文章中看到过这样一句话：当一个人得到赏识时，他心里就会产生一种成就感，从而对未来充满信心，他会觉得自己还是有优点的、值得别人喜欢的。

在教授古诗《春晓》时，我看到媛媛也一起跟着读，其实很多学生对这首古诗早已朗朗上口，但对于媛媛来说就不一样了。于是我马上就让媛媛站起来读了一遍，她虽然口齿不怎么清晰，但我还是表扬了她。对于表扬，我们要尽可能做到公正公平，尽量避免过分夸大学生的优点；但对于特殊学生来说，发现他们的优点，应及时给予表扬，以便更好地帮助他们树立信心。

### 四、适度评价勤鼓励

一些有听力障碍的孩子长期受到来自社会的冷落、歧视，甚至嘲弄。入学后，由于听觉受限，接受知识能力差，还要经受学习失败、同学排挤等各方面的打击，所以容易形成消极的自我观念，从而会出现自尊心、自信心不足，进取心不够，自制力较差等问题，在学习和其他校园活动中表现得畏缩、压抑、自卑，心理学研究表明，这些孩子的赞许需求更为强烈，他们更希望得到他人的赞扬、鼓励和肯定。

如果一个孩子感到自己有能力进行学习，那么他的学习兴趣就会提

第一部分 杏坛故事

高，学习态度就会认真起来；如果他感到能力不足，那么他就会对学习不感兴趣，甚至开始厌恶自己。教学中，我及时发现媛媛的闪光点，哪怕是一个生字的正确发音，一次大胆的发言，甚至包括遵守纪律、认真听课，我都及时在班上表扬她，有时再来一点物质奖励，如一块橡皮、一支铅笔等，慢慢增强她的信心。课堂提问或板演时，我会选取简单的内容，让学习进度稍慢的同学，比如媛媛来完成，使这些同学在体验成功的同时享受到学习的乐趣，形成"学习—成功—表扬—喜悦—学习"的良好心理循环，调动学习的内动力。在班级中，我还开展了体会"一天听不见"的主题活动，让孩子们感受到媛媛的困难。接着，我又组织了"我是你的耳朵"爱心助人活动。大家与媛媛的距离拉近了，媛媛更多地感受到了关爱，体验到了成功。媛媛不仅得到了老师的鼓励，也得到了同学们的帮助，阳光真正地洒进了媛媛的心里，笑容常常挂在她的嘴角。

## 五、教学策略与教学模式

另外，在教授随班就读学生的过程中，我通过自己的切身体验总结了一些有效的针对听残儿童的教学策略与教学模式，这里与大家一起分享。

### （一）"近、多、勤、快、常"的教学策略

所谓"近、多、勤、快、常"，就是近距离、多提问、勤检查、快订正、常表扬。

第一，近距离。一指把有听力障碍的随班就读学生尽量安排在班级前排距离老师较近的地方，这样有利于老师辅导与帮助。二指面对面对有听力障碍的随班就读学生进行课前课后辅导，课前辅导帮助其巩固掌握学过的知识，课后辅导帮助其查漏补缺。

第二，多提问。帮助有听力障碍的随班就读学生多动口、多动手、

多动脑，让他们模仿同学或书上的对话和练习，回答简单的问题，促使他们多学知识。

第三，勤检查。对于有听力障碍的随班就读学生的阶段性测试，相较其他学生放低些要求，平时加强对其学习信心、学习态度、学习习惯、课堂纪律和平时成绩等方面的检查。肯定成绩，鼓励进步，调动其学习的积极性和主动性。

第四，快订正。对有听力障碍的随班就读学生只要求做基本题。先做模仿题，学会后再做基本题，有错及时纠正、订正。

第五，常表扬。发现并相信有听力障碍的随班就读学生的进步，多表扬，勤鼓励，激发他们的上进心和求知欲。多接近他们，多注意，多观察，多谈心，多关心，多帮助，及时发现他们的闪光点及细微的变化与进步。

### （二）"点面结合"教学模式

该模式中按照"点"（指有听力障碍的随班就读学生）处理的教学环节：

（1）目标恰当——给予成功的期望：教学目标位于随班就读生的最近发展区，严格有分寸。

（2）提供机会——给予成功的机会：对随班就读学生适当进行提问，给予板演和练习的机会，恰当照顾、提问，板演和练习的内容要切合随班就读生的实际水平，对提问、板演和练习中可能遇到的困难予以适当的铺垫和辅助。

（3）及时反馈——给予成功的体验：在提问、板演、练习中及时了解、反馈、矫正、补救，填补教学中的不足，充分利用提问、板演和练习中发现的问题进行同学间的互补和合作。

第一部分 杏坛故事

## (三)"合作伙伴"教学模式

"合作伙伴"在课堂教学中具备不同的功能:

(1)提醒功能,如思想开小差时,提醒集中注意力;

(2)提示功能,如答不出问题时,提示问题答案;

(3)互助功能,如在共同的教学活动过程中,互补不足;

(4)新旧联系,如预习指导,帮助背诵、默写、查字典、配对阅读、朗读纠正等;

(5)传授新知,如发言时予以提醒、补充、更正,讨论时提出质疑、引导、互相切磋等;

(6)复习巩固,如练习中的讨论、互查、答疑,以及作业的批改、订正等。

以上实践证明,一定要给有听力障碍的随班就读学生创设最佳的学习环境,激发其兴趣,促进其学习,引导其参与课堂教学过程,调动其学习的积极性,使其不断产生"我也行、我能行"的自信心。这样,有听力障碍的随班就读学生的学习就会变成一件愉快的事情,就能够促使其体会到学习的乐趣,同时在愉快和谐的气氛中得到身心缺陷之外的满足,使他们真正做到既随班又就读。

虽然有听力障碍的学生的课堂教学很难有质的飞跃,很难产生立竿见影的效果,但只要我们有耐心、有恒心来设计教学和精心组织课堂,只要我们对他们的付出比一般的学生再多一些,只要我们对他们的进步再多一些期待,我坚信,有听力障碍的学生一定能够在课堂上建立起学习的愿望,一定能够在情感上实现真正意义的交流,学会恰当地表达自己的一切情绪。作为老师,我们也一定能够让有听力障碍的学生获得更多的知识,帮助他们树立信心,让他们更加阳光,更加自信!

尊重是一缕春风,吹起心灵之湖的层层涟漪;尊重是一首乐曲,让人感受到直击人心的震颤；尊重是一场甘霖，让人体味到生活的幸福和甜美；尊重是一束阳光，让人沐浴在温馨的世界里！教育工作者要尊重教育，尊重孩子，让每个孩子能够抬起头走路，能够在阳光下成长，只有这样，才能真正体现对教育的尊重，也才能真正促进教师自身素质的提高。

第一部分 杏坛故事

## 在孩子心中播下爱的种子

白丽莎

　　我当班主任这七年,越来越深切地感受到"老师像妈妈"这句话的深刻含义。也许很多人都觉得,这句话早就过时了,然而与学生朝夕相处的日子越久,我越深以为然,特别是对那些所谓的"问题"学生而言,"老师"甚至有更深层次的含义。至今,在我心底某个柔软的角落,还有一丝淡淡的牵挂,牵挂着我教过的一名叫小杰的学生……

　　我喜欢微笑,孩子们似乎因此更愿意和我亲近。而做了母亲之后,我的心灵更加柔软,情感也更加丰富。班里的小杰虎头虎脑,看起来很可爱;可开学没几周,小杰就开始让我头疼起来:他几乎很少完成家庭作业;老师还没有批评他,他的眼泪就开始往下掉;无论老师说什么他都点头,但第二天"涛声依旧",照旧不完成作业,照旧老师一说他就开始哭;有时他还旷课,谎称身体不舒服……唉,我该怎么帮助这个特殊的孩子呢?

　　一天,我正在办公室备课,班长跑进来,悄悄地对我说:"老师,小杰自己在班里哭呢,谁问他都不理。"我赶紧合上书本,走进教室,只见小杰趴在自己的课桌上不停地抽噎着,旁边围满了七嘴八舌议论的同学。我知道这孩子爱哭,于是赶紧让其他同学回到自己的座位上。"他妈妈不要他了!"一个声音传出来,小杰噌的一下坐起身来,狠狠地瞪着同学们:"胡说八道,我讨厌你们!"我连忙拉起小杰,把他带出了教室。小杰边走边哭,伤心极了。我回想起刚才同学的那句话,猜想他的家庭可能出了一些问题。"小杰,你是男子汉,不哭,快把眼泪擦干。"我递给他一张纸巾。"愿意和老师去操场走走吗?"我问他。他没有说话,跟着我来到操场。"小杰,能告诉老师你为什么哭吗?"他轻轻地蹦出几个字:"妈妈走了!他们都不要我了……呜呜呜……"小杰忍不住又哭出了声。"为什么?"我再问,他却不再回答。

放学后,我决定送小杰回家。

我跟着小杰穿过学校外面的马路,又沿着弯弯曲曲的小路走到小杰家。那是一栋普通的平房,锁着门。旁边的邻居大婶看见我们,忙招呼我,于是我和这位大婶聊了起来。从大婶絮絮叨叨的讲述中,我了解了小杰的家庭情况。小杰的爸爸是出租车司机,母亲在百货公司做销售,前几年父母关系不断恶化,夫妻二人动不动就吵架,后来两个人离婚,孩子跟了爸爸……

小杰曾经拥有的幸福家庭就此破碎。父母离婚后,小杰和父亲一起生活,父亲早出晚归没时间关注他,家庭给予他的温暖越来越少。如今,小杰的母亲又组建了新的家庭,小杰再也感受不到母爱,他满是伤痛的心灵又多了一道伤痕。

难怪小杰在学校的表现让人头疼,他最亲最爱的人都抛弃了他,他还有多少动力学习,还有多少信心去面对生活?他在学习上没有自己的目标,自由散漫,都是因为家庭的不幸造成的;他变得麻木,失去生活的动力,只是因为这个孩子缺少关注,缺少尊重,缺少爱!

如何拯救这个孤单的心灵,医治他内心的创伤,让他感受到爱的温暖呢?

教育的本质是爱,教育植根于爱。只有用爱的力量才能打开小杰的心灵之门。爱是宽容,爱是感化,爱是耐心。

第一部分 杏坛故事

## 一、传递爱心纸条，用爱触摸心灵

"浇树要浇根，育人要育心。"只有真正走进孩子的心灵世界，教育才有成效。了解了小杰的家庭背景之后，每隔一两天，我就会在他的文具盒里放上一张小纸条，在小纸条上写上他的进步或者他的优点，或者写上一则小幽默、一个小故事……我还鼓励小杰多看课外书，从书中寻找乐趣。这些小纸条让小杰感受到了关注和温暖，课外书拓宽了他的视野和心境，他的眼睛里渐渐有了光彩。

## 二、给予集体的温暖

我带领孩子们精心组织了一次以"爱"为主题的班会，用集体的力量温暖小杰，让他感受到集体的关怀。我启发孩子们从身边的事物中发现生命的美丽，引导孩子们用感恩的心看世界，教育孩子们关爱同学、帮助他人。在这次主题班会上，我给大家讲了小杰的故事，孩子们深受触动，大家拉着小杰的手，一起唱起了《让世界充满爱》……这次班会，小杰感受到了集体的温暖，而大家在活动中也感受到：赠人玫瑰，手有余香。把阳光和快乐带给周围的人是一种幸福，把生活中平淡的幸福收藏起来，也能让自己变成一个更加阳光更加幸福的人！从此，孩子们对小杰多了一分宽容和理解，大家主动帮助他，一起守护他那颗敏感的心。

## 三、让孩子感知妈妈的关爱

随后，我联系到了小杰的妈妈。我和小杰的妈妈在电话里真诚地沟通了几次，了解了小杰妈妈的难处后，我委婉地提醒她不要把成人之间的怨念强加给孩子，还是要尽量多地给孩子一些关爱，常回家看看孩子，让孩子知道妈妈一直都爱着他。后来，我一直和小杰的妈妈保持电话联系，孩子遇到什么问题、有什么困惑、有什么进步，我都及时和她交流，我还时常告诉她一些教育孩子的小方法，促使她帮助孩子在逆境中保持阳光心态。

## 四、与任课老师多沟通，为孩子争取更多关注

每个老师都是教育者。要改变一个特殊儿童，光靠班主任一个人的力量还不够。班主任既是班级的管理者，同时也是增进孩子们与任课老师之间沟通了解的桥梁。教育要有一致性。班主任要集任课老师之力形成教育的合力，如果每一个任课老师都能在小杰身上多倾注一丝关注的目光，那么小杰的心里就会多许多温暖。不管什么课，只要老师多给小杰一次表达的机会，多一分尊重，多一句鼓励的话语，小杰就会多获得一点温暖和自信。

教育从来就不是什么急功近利的事业，也并非一朝一夕就能收到成效，只有通过上述途径和方法，坚持不懈地努力，小杰才能一点点改变。虽然小杰是个"缺角的圆"，但我相信，只要在他心中种下爱的种子，这颗种子就一定会生根、发芽，慢慢结出累累的果实。

## 五、案例反思

教育的本质是什么？是爱。爱是教育永恒不变的主题。

爱是什么？"爱是恒久忍耐，又有恩慈；爱是不求自己的益处，不轻易发怒，不计算人的恶，不喜欢不义，只喜欢真理；爱是凡事包容，凡事相信，凡事盼望，凡事忍耐。爱是永不止息。"

陪伴小杰一起成长的一年，我更加懂得了什么是爱，也学会了该怎样去爱我的学生们。爱是用春天般的温暖感化迷途的精灵，用春风般的柔情唤醒沉睡的心灵，用春雨般的情怀滋润干涸的心田，用春草般柔韧的力量守望生命的成长！

爱是可以传递的，爱可以产生信赖，爱可以点亮心灯……爱是不会

被忘记的，它如涓涓细流荡涤孩子的心灵，它像鼓槌一样震撼孩子的内心。那样恒久柔韧的力量，怎能轻易被忘记？

　　在这一年里，小杰一天天感受到爱，也一天天懂得感激所有人的爱。一个懂得感恩的人，必然有一颗善良、敏感而柔软的心。"十年树木，百年树人。"生命的成长需要时间、空间，需要我们怀着恒久忍耐的爱去守望。作为一名教育工作者，我们要以爱为犁，把孩子的心灵耕耘得柔软，让爱的种子在孩子的心灵花园里发芽，长叶，开花……

# 第二部分　教学论文

第一篇　校本特色

第二篇　学科教研

第一篇

校本特色

# 红旗青年教师演讲团在行动

路彦芬

## 案例背景

红旗小学始建于1958年,历史悠久,原是部队子弟小学,地处部队营区,沿袭了军队优良的革命传统,具有丰富的红色教育资源,亟待挖掘。红旗小学教师平均年龄36.8岁,70%都是"80后""90后"教师,整个教师团队洋溢着青春的活力。如何让这样一所古老而又年轻的学校焕发出勃勃生机?怎样在红旗小学落实全国教育大会上提出的培养德智体美劳全面发展的社会主义建设者和接班人的发展方针?

作为学校的党支部书记,我认真分析了青年教师的思想状态、人生规划、特长能力、思维习惯、行为模式,发现青年教师普遍具有教育情怀、专业素养和学习能力,但也存在当下一般青年人常有的问题,比如过分突出自我、脱离集体、过度追求自由、淡漠纪律、凸显个人价值、忽略集体利益。怎样加强思想政治工作,引领他们成为"四有"好教师?又如何做好"双培养"工作呢?

为进一步坚定青年教师的职业理想,帮助他们全面规划专业发展,引导他们笃定前行,实现中国梦,我们召开了支委会,逐一分析学校现有青年教师的工作现状,开展党员"一对一"谈心谈话。通过一系列的调查分析我们发现,青年教师勇于表达,敢于表现,感染力强,但是他们

第二部分 教学论文

需要一个平台、一个组织来引领。"红旗青年教师演讲团"就在这样的背景下应运而生。在党支部的引领和支持下，团支部集思广益，征集并最终确定了"红旗青年教师演讲团"的团旗和团歌。当下，"红旗青年教师演讲团"的团队文化已经诞生，我们期盼更多的青年教师成为传递正能量的"四有"好教师，期盼更多的青年教师早日加入党组织。

## 案例描述

### 一、发挥书记德育定位把控力，为党培养"四有"好教师

田耕老师是一位帅小伙儿，文艺范儿十足，他在大学期间成立了乐队，创作歌曲，曾经，他的理想是成为一名音乐人。如今，田耕老师走上了工作岗位，成为一名小学音乐教师。作为支部书记，我是田耕老师的联系人，我动员他参加演讲团。一开始，他有些犹豫，于是我诚恳地告诉他："你形象好，写作能力强，多才多艺，在这个舞台上你肯定能发挥你的能量。"抱着试试看的态度，田耕老师参加了演讲团。

事实证明，田耕老师在演讲团里持续不断地成长着。现在的他，音乐课讲得趣味横生，连一年级的孩子都在他的课上学会了作曲，连来观摩教学实践的家长们都听得如醉如痴；他还指导学生创编毕业歌和校歌，毕业典礼上孩子们的歌声感动了全场；他还组建了吉他社团，让孩子们在舞台上尽展风采；他还辅导我校合唱团勇夺金奖；他还承担了音乐教学课题的开发、音乐教材的编撰等工作，在石景山区教学大赛上荣获一等奖……现在，田耕老师已经成为我校在北京市青年榜样演讲团中唯一一名教师代表，在北京市各行各业进行巡回演讲，展示着青年教师和北京榜样的力量！他从"红旗青年教师演讲团"走上了更大的舞台！

现在，田耕老师已经成为一名光荣的预备党员，他树立了更高的人生目标——未来，他要像音乐家田汉、聂耳那样，以乐育人，成为一名

音乐教育家。

**二、发挥党组织的主导作用，开发红色课程，与青年教师演讲团有机融合**

红旗小学地处部队营区，具有丰富的红色教育资源。党支部引领教师开发德育校本系列实践课程，践行党组织主导、校长负责、群团组织参与、家庭社会联动的德育工作机制，把开发红色课程与教师演讲团相结合。党支部还带领演讲团成员参观营区，并请来革命前辈做革命传统教育，带领教师和新战士们一起军训，这些活动让青年教师们感受到红色文化的魅力，同时也在活动中得到了历练和成长。

演讲团成员们还分别承担了各类课程的开发任务——陆楠老师组织开发了"红旗小卫士"课程，号召学生们学习祖国卫士，从小立志报国；朱旭老师带领语文教师们开发了"红旗小诗人"课程，通过一场场吟诵大会，激发学生对祖国传统文化的热爱；杨莹老师组织开发了"红旗小华佗"课程，引领孩子们奔跑在原野里，采撷中草药，制作健康饮品；体育教师韩同引领体育团队开发了"红旗小足球"课程，指导孩子们自信而勇敢地驰骋在绿茵场上。演讲团成员在开发红色课程的过程中，也收获了理想、坚持和信念，更加坚定了做"四有"好教师的信心，深刻理解了教师这一职业的伟大和崇高！

演讲团成员们还通过宣讲，把自己开发红色课程的亲身经历和深刻感受传播开来，使得红色基因和红色精神通过他们的演讲得以传承。通过不断的学习、开发和宣讲，演讲团成员们迅速成长起来。陆楠老师就这样说："曾经，我的理想是做一名数学家；现在，我的理想是培养更多的数学家。"张萌老师也表示："我也要和学生们一样，努力汲取新知识，沿着漫漫的教育之路，勇敢而坚定地迈出自己的每一步。"就连石景山区最年轻的骨干教师朱旭老师也这样说："作为一名年轻教师，要学习的东

第二部分 教学论文

西还很多,我要把每一天都当成做教师的第一天,认真对待每一节课。"我们的韩同老师也这样说:"人无长志常立志,人若有志立长志。红旗演讲团是个积极进取、不断进步的集体,每个人都在这里发挥自己的光和热,我更要加倍努力。"

### 三、发挥党建带群建作用,不断提升演讲团影响力

红旗小学青年教师演讲团已经举办了数十场演讲活动,为成百上千的听众传递了正能量。听众涉及兄弟学校的领导、教师、党员代表、学生家长,还有部队官兵和其他行业的从业者、演讲团成员的家属们。每次演讲结束后,与会者都纷纷表示:教师这一职业真的太重要,教育事业太伟大,这些年轻教师就是祖国建设的中坚力量。与会者们都表示要全力支持和配合教师们,一起营造和谐教育的大环境。而通过这些活动,演讲团成员们也得到了快速的成长。他们纷纷表示,他们的收获永远比付出多得多,他们要永远做学生心中的偶像,做传递正能量的使者。

## 案例分析

作为基层学校党支部,设计和开展"红旗青年教师演讲团在行动"这一活动,带给我们很多思考。

### 一、支部引领,分析新形势,解决新问题

青年教师的人生理想、思维习惯、行为模式、表达方式都有其独特的时代烙印。党支部紧抓青年教师的特点,通过支部搭台、党员带头,"融入式、渗入式"的工作方法,开展"红旗教师演讲团在行动"这一符合青年特点的活动,把青年教师这一学校的最大群体紧紧地团结在一起,在活动过程中浇花浇根,育人育心,使青年教师在活动中真正成长起来。

党支部帮助青年人找准"为谁培养人"的职业目标,理清"怎样培

养人"的工作思路，找准"培养什么人"的育人目标，引领他们树立对教育事业的自豪感与自信心，帮助他们直面教育难题，指引他们披荆斩棘、砥砺前行。

## 二、树立新时代"四有"好教师的群体形象

在党组织的引领和保障下，演讲团展现着青年教师的风采。在党支部的引领下，多部门商榷、指导演讲团成员们根据自身情况，制定自己的职业规划、近期任务、远期目标，引导他们逐步实现人生理想，成就了演讲团"四有"好教师的优秀形象。

演讲团的演讲场场正能量满满，鲜活地展现了当代教师的良好形象。演讲团成员用自己的行动倡导社会主义核心价值观，向学生传递正确的道德观念；他们严谨治学、勤勉育人，启迪每一名学生，鼓励每一名学生，用自己的行动照亮每一名学生前进的道路。

## 三、通过演讲行动"立德树人"，向党组织输送新鲜血液

党旗高高飘扬，党的召唤始终在耳旁。演讲团的教师们努力工作，积极生活，立德树人。他们勇于担当，身先士卒，以实际行动向党组织靠拢，诠释入党积极分子的入党誓言。目前，已有4名演讲团的青年教师加入了党组织，其中3名还获得了区级骨干教师的称号；有2名演讲团的青年教师成为入党积极分子；其余演讲团的青年教师都递交了入党申请书。有了他们的加入，我校党组织充满了青春的活力。

综上所述，红旗青年教师演讲团永远在行动，通过不断营造和谐的区域教育环境，引领教师们走上德技双馨的发展道路，不但增强了党员和团员的使命感和自豪感，还增强了党组织的凝聚力，他们争做党的护旗手，促使我校党建创新工作更上一层楼。

 第二部分 教学论文

# 创城我参与 垃圾分类我践行

黄建华

## 内容提要

垃圾分类的实施程度，是一个城市文明程度的标尺之一。红旗小学引导学生开展"垃圾分类小达人"系列实践活动，通过了解资源现状，学习垃圾分类的科学做法，践行垃圾分类，促进学生养成良好习惯，进而提升学生文明低碳的素养和对环境、对后代负责的思想意识。通过对不同场所垃圾分类的研究与参与，提升学生的社会参与度和社会责任感。本文主要研究校园内、家庭内和超市内三个领域的垃圾分类，提出问题，并给予解决问题的建议和措施。

1987年联合国世界环境与发展委员会发表了题为《我们共同的未来》的研究报告。该报告全面阐述了可持续发展的理念。人类只有一个地球，为了子孙后代，必须人人树立保护地球的意识，减少碳排放，厉行节约，践行垃圾分类，变废为宝。目前，石景山区正在创建文明城区，作为城市的小主人，学生有义务和责任认识到：实施垃圾分类是文明城市的重要标志之一。

红旗小学是石景山区可持续发展教育项目实验学校。几年来，我校一直致力于培养学生可持续发展的理念和健康的生活方式。我校还组织学生积极投入到创建文明城区和文明校园的活动中，提升学生的主人翁

意识,增强学生的社会责任感,力争使每名学生都以为形成文明和谐的社会环境做出贡献为己任。我校为学生创设了实践体验的成长平台,力求促进其综合素养的提升。我校还开展了"垃圾分类小达人"系列实践活动课程,促使学生在学习、研究和实践中不断进步、不断成长。

## 一、系列实践活动课程的主要内容

调研垃圾分类的情况和当下存在的问题,提出解决这些问题的建议和措施,初步参与垃圾分类的实践活动。主要研究校园内、家庭内和超市内这三个领域。

## 二、课程的实施情况

### (一)分组情况

一至二年级学生在校园内开展研究实践活动,争做"校园垃圾分类小达人";三至四年级学生在家庭内开展研究实践活动,争做"家庭垃圾分类小达人";五至六年级学生在超市内开展研究实践活动,争做"超市垃圾分类小达人"。

### (二)"校园垃圾分类小达人"组

| 内容 | 具体要求 | 参与人员 | 完成时间 | 指导老师 | 成果图片 |
|---|---|---|---|---|---|
| 对话环保专家 | 石景山区市容管委的专家到校做"垃圾分类"专题讲座,并现场为学生答疑解惑 | 全校学生 | 9月1日 | 德育主任、大队辅导员、班主任 | |
| "低碳环保校园行"主题班级文化布置 | 各班根据实际情况,将学生作品作为10月份主题墙报或走廊文化内容 | 各班学生 | 10月15日 | 班主任 | |

续表

| 内容 | 具体要求 | 参与人员 | 完成时间 | 指导老师 | 成果图片 |
|---|---|---|---|---|---|
| "垃圾分类我先行"主题班会 | 垃圾分类知识竞赛、分享垃圾分类的方法、总结存在问题等 | 全校学生 | 11月29日实践活动课 | 班主任、科技老师 | |
| 启动仪式 | 颁奖、发出倡议、校长致辞、垃圾分类游戏 | 全校师生 | 3月2日 | 德育主任、大队辅导员 | |
| 分类垃圾箱设计展示 | 1.变废为宝，使用环保材料制作符合垃圾分类环保理念的班级环保垃圾箱；<br>2.以班级为单位，每班制作1至3个，学生代表简要解说制作理念和使用方法 | 全校学生 | 4月12日前完成，上交大队部，学校进行评奖 | 正副班主任、美术老师、家长 | |
| 垃圾分类宣传画设计 | 1.以绘画的形式宣传垃圾分类，家长可参与作品设计；<br>2.每个年级由年级组长牵头评选出一等奖一名、二等奖两名、三等奖三名，并将这些优秀作品上交大队部 | 一、二年级学生 | 5月31日前完成，各年级上交获奖作品和获奖名单（电子稿）。期末由学校统一颁奖并展出 | 正副班主任、美术和科技老师、家长 | |

续表

| 内容 | 具体要求 | 参与人员 | 完成时间 | 指导老师 | 成果图片 |
|---|---|---|---|---|---|
| 垃圾分类标识设计 | 1. 以海报、手工、绘画等形式设计生活垃圾分类标识，对垃圾分类进行宣传；<br>2. 每个年级由大、中、小队干部组织队员代表评选出一等奖一名、二等奖两名、三等奖三名，并将这些优秀作品上交大队部 | 三、四年级学生 | 5月31日前完成，各年级上交获奖作品和获奖名单（电子稿）。期末由学校统一颁奖并展出 | 正副班主任、美术老师 | |
| "致人类的一封信"征文 | 1. 针对日益受污染、受破坏的环境，致人类一封信，呼吁全员行动，从身边做起，参与到垃圾分类的活动中，爱护地球环境；<br>2. 用A4纸打印，并配上图画；<br>3. 每个年级由年级长牵头评选出一等奖一名、二等奖两名、三等奖三名，并将这些优秀作品上交大队部；<br>4. 优秀作品获得者，在红领巾广播站朗读自己的稿件 | 五、六年级学生 | | 正副班主任、语文老师、大队辅导员 | |

（三）"家庭垃圾分类小达人"组

1. 活动内容

召开小组讨论会议，明确并研究活动目的与内容，明确各成员的分工，制订实施计划。

（1）查找资料小组通过阅读《低碳小达人》校本教材、上网查询与研究和主题有关的资料，整理资料册和调查表，供实地考察小组使用。

（2）实地考察小组利用调查表进行问卷调查，然后走访有关居民和专家，并整理成原始材料，在家庭和社区开展专题宣传，发放倡议书，宣传垃圾分类的意义和方法。

（3）整理资料小组对所获得调查问卷，运用数学统计知识进行统计。

（4）总结小组写出总结报告和倡议书。

2. 实践形式

调查、采访、记录、分析、讨论、总结。

3. 调查结果及分析

家庭垃圾处理的现状和问题，生活垃圾存在的问题和危害，对此现状的分析和建议。

我们在生活中怎样处理垃圾并实现垃圾的资源化利用？

垃圾处理方法是有多种途径的，主要有综合利用、卫生填埋、焚烧和堆肥等。

4. 组员的体会与收获

体会1：进行垃圾分类，对废物进行综合利用，不仅可以增加收入，缓解原料和能源的不足，减少垃圾清理、运输、填埋的成本，而且可以节约填埋土地，保护环境，减少垃圾造成的污染。

体会2：作为居民，应该注意平日的生活细节，诸如回收旧电池时，用回收箱将其整理后送到相关地点进行处理。在日常生活中要做有心人，充分利用身边的各种资源,提高资源的利用率。

体会3:我们每个人都应该参与到生活垃圾的回收和利用之中,增强环保意识和节约资源的意识。同时,作为小学生,要努力学习,掌握科学文化知识,为长大后建设美好家园打下坚实基础。

5. 近期研究性实践活动

| 时间 | 活动内容 | 参与人员 | 指导老师 | 活动照片 |
| --- | --- | --- | --- | --- |
| 9月 | 在家庭中宣传垃圾分类相关知识,与家长一起践行垃圾分类;在班级中交流经验和科学的做法 | 全校学生 | 全体教师 | |
| 10月 | 走进垃圾处理厂参观,采访工作人员,学习相关知识,解决相关问题 | 三、四年级 | 三、四年级组教师 | |

## (四)"超市垃圾分类小达人"组

1. 活动内容

通过阅读《低碳小达人》校本教材、上网查资料、超市实地调研等方式,了解垃圾的危害,以及垃圾的分类回收与利用。

2. 资料收集

侧重于了解垃圾的危害，以及垃圾分类回收及再利用等常识。

（1）通过网络、书籍、采访科技老师等方式收集资料。

（2）小组制作宣传课件和画报，宣传相关知识。

3. 现场调研

时间：现场调研9月9日、9月11日；后续实践活动在10—11月。

地点：四个班，每班一个目的地，五里坨物美超市店、石景山物美超市店、三家店物美超市店、永辉超市店。

目的：通过对超市保洁员、生鲜部工作人员的访谈、现场观察、拍摄及记录，加深对垃圾分类及回收利用的认识。

4. 参加人员及分工

上网收集资料：13人；现场采访、调研：8人；报告撰写：10人分工合作撰写；全班讨论：提出合理建议，

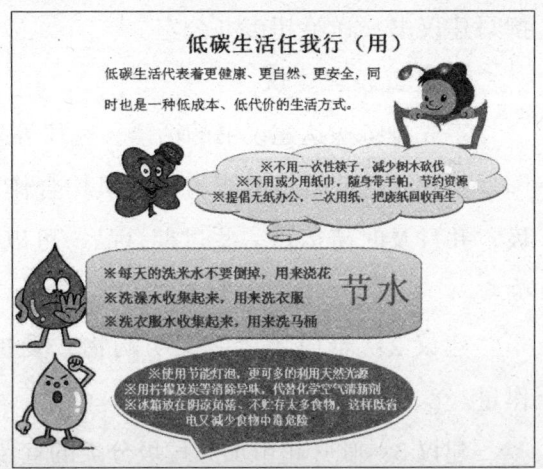

撰写建议书，送给超市办公室。

5. 提出合理建议

事先排练送达建议书的话语、礼仪等。

建议1：希望超市能与专业机构合作，采用专业分类装置，分装垃圾，并且及时清运；一些过期食品，可以联系养殖场，作为饲料，变废为宝。

建议2：希望顾客能文明购物，爱护环境卫生，减少保洁员的工作量。

建议3：呼吁超市加大垃圾分类的宣传。

6. 宣传组

制作宣传课件、手绘画报、标语旗，设计钥匙扣等，播放或发放给同学、老师、家长、社区居民。（"垃圾分类小能手"动画课件 http://www.4399.com/flash/101140_1.htm）

**（五）开放性校本课程的授课形式**

如观察、实验、制作、调查、演讲、故事会、戏剧、吟诵、课本剧、研究性学习成果汇报等。

## 第二部分 教学论文

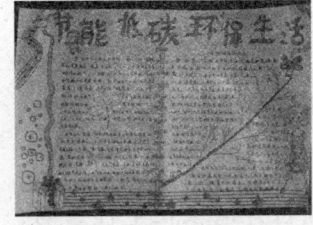

### （六）实践活动实施中教师的职责分工

| 职务 | 姓名 | 职责 |
| --- | --- | --- |
| 班主任 | 二（2）班杨晴、陈晨 | 指导学生在学校、家庭、超市的垃圾分类实践活动（调查、采访、实践垃圾分类等） |
| 班主任 | 三（1）班陈玉凤 | 指导学生在学校、家庭、超市的垃圾分类实践活动（调查、采访、实践垃圾分类等） |
| 班主任 | 五（1）班贾丹、五（2）班康艳 | 指导学生在学校、家庭、超市的垃圾分类实践活动（调查、采访、实践垃圾分类等） |
| 班主任 | 六（2）班袁莹槟 | 指导学生在学校、家庭、超市的垃圾分类实践活动（调查、采访、实践垃圾分类等） |
| 科技教师 | 徐鹤 | 垃圾分类专业知识培训讲座 |
| 英语教师 | 伊彩文 | 相关英语教学，配合课程组组织学生实践活动 |
| 微机教师 | 孙月华 | 指导学生使用电脑、手机等工具查阅资料，设计电脑彩报、活动标识等 |
| 教学和教科研负责人 | 陆楠、黄建华 | 课程的总体策划、评价等 |

## 三、教师研究活动

（1）优秀学科实践活动设计评选活动，全体任课教师参与。

（2）聘请全国、市区 ESD 专家和区教科所专家进行"撰写教育实践活动案例专题培训"，全体任课教师参与。

（3）"实践探究作业本"的展示、评选活动。

（4）开展 ESD 研究性学习教与学方案的说课活动；开展 ESD 课堂学科实践活动观摩周活动，实验教师共同研讨如何提高课堂教学水平。

（5）组织教师参与市区 ESD 研究实践活动。

（6）召开教师、学生素质展示会，从筹备到召开请家长全程参与，充分展示师生、家长的能力与特长，展示学生可持续发展所需的综合素养。

（7）开展编写校本教材的研讨活动。

## 四、本综合实践校本课程实施的进展和初步成果

（1）更新了学校的办学理念和思想，完善了校本课程体系；初步探索出在校本课程中开展学科实践活动的模式。

（2）探索出一批学科实践活动的教学案例和教学设计，制作探究作业本，并结集成册。

（3）编辑印刷发放了一套校本教材，《低碳小达人——践行垃圾分类》就是其中之一。

（4）学生的调研报告，教师教学课件和学生的自制课件，学生动手实践的作品，课堂教学录像课光盘等。

（5）在市区各级低碳环保活动中，荣获集体组织奖、教师辅导奖、学生作品奖。

 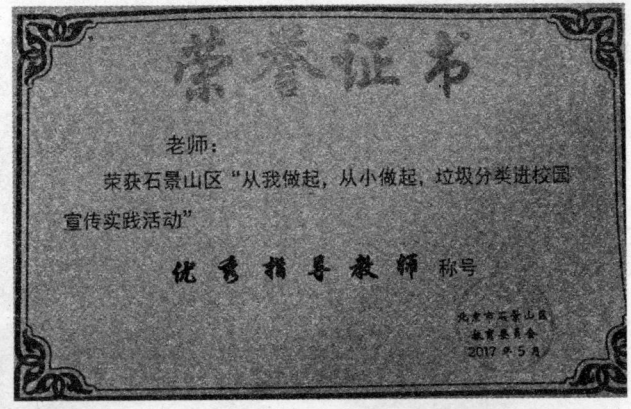

## 五、课程的评价

构建多元化、发展性的评价体系，基于《课程大纲》进行学业评价，发现教师教学和学生学习的优势和薄弱环节，推动"教与学"的改进，促进学生综合能力的发展。

### （一）根据《可持续发展教育工作手册》中《学校可持续发展教育质量评价标准》，评价我校课程开展的总体情况

从可持续学习能力、可持续发展价值观及可持续生活方式三个维度对学生实行综合素质评价。评价以争当"五星学生"的方式展开，"五星"具体包括"美德星、美智星、美艺星、美创星、美体星"，在评选"美德星"中，本学年评价重点内容为践行文明言行、低碳环保的情况。

### （二）各学科制订学科综合实践活动评价方案

出台并实施"学科综合实践活动学业评价的内容及策略""实践活动自评与小组评价表"。

**（三）由师生编印并在师生中下发"垃圾分类小达人探究作业本"**

在"垃圾分类小达人探究作业本"的后部，都印有该课程的评价表；参考《ESD实验学校工作手册》中"学生低碳生活方式状况评价表"，邀请家长和教师共同参与评价。

**（四）围绕可持续发展教育16字教学原则，提倡三段式教学，通过评价推进可持续教学模式课堂实践研究**

运用"可持续教学模式研究课学生学习效果评价量表""可持续教

学模式课堂学生学习效果评价对比表"进行统计分析,根据分析结果看出,学生在自主预习、分类概括、合作解决问题等能力都比前一年有明显提升。

**(五)针对师生设计问卷和评价表**

1. 学生对校本课程学习内容意向的调查问卷

**"垃圾分类小达人"课程内容学生意向调查**

同学你好,咱们学校将要开设"低碳小达人之垃圾分类"课程,同学们是课程的小主人,课程内容由你们决定!请你勾选出自己中意的课程内容,单选多选均可,本调查为不记名投票。

1. 我想学习的内容有(　　　　)。

①国家可持续发展的文件精神;②低碳行为给我们带来的好处;③国内外,人们践行低碳的好做法;④生活中,我们小学生践行低碳生活的好做法;⑤变废为宝小制作的制作方法,低碳小发明的科学原理和制作方法;等等。

2. 我对"垃圾分类小达人"课程的想法和建议。

_____

_____

_____

_____

2. 教师小结和反馈

## 红旗小学 学科实践活动反馈表

填表日期： 年 月 日

| 带队教师姓名 | | | | |
|---|---|---|---|---|
| 外出年级（班级） | | 外出人数 | （ ）人 | |
| 外出时间 | | 外出地点 | | |
| 有无安全事故 | | | | |
| 活动主题 | | | | |
| 活动效果简述 | | | | |
| 活动反思 | 本次实践活动过程中积累的经验：<br><br>下次活动需要注意和改进的地方： | | | |

## 3. 学生自评和小组评价表（三至六年级开展）

### _____实践活动评价表（反思卡）

自评和组内评价，根据每项表现画"★"。做得非常好："★★★"；做得比较好："★★"；还需继续努力："★"。

| 评价项目 | 评价要素 | 自评 | 组内评价 |
| --- | --- | --- | --- |
| 参与态度 | 01. 能认真对待活动，积极参与，研究兴趣浓厚 | | |
| | 02. 主动大胆，敢于提出问题和设想，努力完成任务 | | |
| | 03. 乐于合作，互助交流，尊重他人成果 | | |
| 情感体验 | 04. 善于提问，乐于研究，勤于动手实践 | | |
| | 05. 不断总结，善于反思，相互取长补短 | | |
| | 06. 不怕吃苦，克服困难，想方设法解决问题 | | |
| 方法掌握 | 07. 能从多种途径获取信息，方法形式多样 | | |
| | 08. 能对搜集的信息材料进行辨别、筛选和处理 | | |
| | 09. 能运用已有知识，多法研究，解决实际问题 | | |
| 能力发展 | 10. 求知欲强，积极探索，自主进行学习 | | |
| | 11. 独立思考，善于提问，寻求解决方法 | | |
| | 12. 积极实践，发挥特长，施展能力才华 | | |
| 成果展示 | 13. 展示形式不拘一格，动静有机结合 | | |
| | 14. 成果内容真实可信，源于活动结果 | | |
| | 15. 成果作品独具特色，备受大家好评 | | |
| 教师评价 | | | |
| 家长评价 | | | |

4. 学生个人小结

## 学生学科实践活动收获表

| 活动主题 | | | |
|---|---|---|---|
| 学生姓名 | （　）年级（　）班（　） | | |
| 活动时间 | 　　月　　日 | 活动地点 | |
| 实践收获<br>（感想文、绘画、小制作、照片等均可） | | | |

# 少先队中队辅导员工作是一支动听的歌

陈玉凤

做了多年的少先队中队辅导员工作，我渐渐领悟到教育的真谛——教育是一片沃土，我和我的队员们在这片沃土上一起扎根、发芽、成长，又在这片土地上耕耘、播种、收获。这片沃土使我的人生丰富充实、绚丽多彩，少先队中队辅导员工作就像一支动听的歌，回荡在我和队员们心中。

## 一、倾己之所爱，搭信任之桥梁

我深深地知道，"没有爱就没有教育"。小鑫是我所在中队一名11岁的男孩，他去年来我校上学时才与父母一起生活，之前一直在河北农村跟着七十多岁的爷爷奶奶生活。小鑫的学习成绩和生活习惯都不好，和父母一起生活之前，天天一个人在外面玩儿，爷爷奶奶都管不了他。来到父母身边后，他不但不会与人交流，还经常说谎，存在一定的心理障碍。

小鑫的父母原本希望，把小鑫接到身边，送到我校上学后，由于环境改变，小鑫的学习和生活习惯也能有所改变。家长的初衷是好的，然而小鑫入学一段时间后，我发现这个孩子不仅性格孤僻，不爱和小伙伴交流，而且上课时也不认真听讲。虽然小鑫的年龄比别人大，但是理解能力比同班同学差很多,即使是在孩子们都非常喜欢的操场活动中,他也常常自己蹲在一边,看着别人玩儿。有时候,小鑫左右脚的鞋反穿着就来上学了,有时候甚至穿着拖鞋就来上学。后来经过和家长的沟通,我了解到小鑫在爷爷奶奶身边就是这样,放学之后或者假期在家,他经常自己在村边地头站着发呆,不爱和家人说话,家长的话也听不进去。小鑫有一个妹妹,但小鑫从不和妹妹一起玩儿。即便现在和爸爸妈妈生活在一起,小鑫也很少说话。小鑫的爸爸整天忙着回收废品,不懂得如何与孩子交流;小鑫的妈妈有智力障碍,连孩子最基本的穿着、卫生都不能照顾。生活在这样的家庭里,小鑫极少感受到童年的快乐。他沉默寡言,让人看了都心疼。正因为缺少亲情的关爱,他没有生活的目标,也没有学习的兴趣。眼看着一个刚刚迈入人生的孩子就要失去对未来的希望和热情,我心痛不已,一次又一次对自己说:"他来到这个班,就是集体的一分子,你是他的中队辅导员,如同他的母亲,就应该帮助他。"

真诚的爱能够温暖冰冷的心。既然小鑫缺少的是亲情、是母爱,那么我就给予他这种爱,用如母之爱温暖他幼小的心。每天小鑫一走进学校,我就主动和他打招呼,询问他有没有吃早饭,如果他没吃早饭,我就把学校为老师准备的早餐——鸡蛋和豆浆递给他。看到他的衣服、鞋子破了,我就把我儿子的衣服和鞋子拿来给他穿,帮他穿好后,我还一次次将他拉到镜子前,让他自己照照镜子。每次他看到镜子里的自己,总会露出羞涩的笑容。平时,他的衣角卷起来了,我就轻轻地走过去,摸摸他的头,帮他把衣角抻平;他学习遇到困难,我不在其他队员面前批评他,而是在课下主动给他讲解;他不会和人交往,我就教他说话,教他学会与同学正常交流,鼓励他在课堂上正确表达,大胆地表达自己的想法;晚上下班后,我细细梳理当日的工作后,还和小鑫的家长电话沟通,交流孩子的学习情况,及时发现孩子点滴的进步,请家长也及时给予孩子表扬和鼓励。看到我对小鑫如此用心,他的父亲感动不已,逐渐开始关心小鑫，也慢慢学会了和孩子交流。

看到我们对他露出赞许和鼓励的笑容，小鑫终于开始有了进步。上课了，他静静地坐好，我冲他赞许地笑；当他想发言却又犹豫不决，慢慢举起手时，我对他投以鼓励的目光；当他认真工整地完成作业时，我号召全班同学给他鼓掌，掌声带给他成功的喜悦；当他犯了错误时，我没有一味训斥，而是认真询问原因，宽容、理解，并加以正确引导；当他正确地大声回答完问题时，我咧开嘴冲他竖起了大拇指……一次次心灵的抚触，一次次发自肺腑的关怀，孩子感受到了。他开始变得开朗起来，课堂上他读书的声音响亮起来，同学们玩耍的队伍中也有了他的身影。看到他的变化，我由衷地体会到了做一名少先队中队辅导员的快乐。

## 二、当好班级和科任老师之间的纽带

作为少先队中队辅导员，必须向队员们介绍科任老师的特点，比如科任老师的性格、爱好、特长，在教育教学方面的成绩等，在队员们心中树立起科任老师的形象，使得队员们尊敬并信任科任老师。同时，我还要经常与科任老师交流，以便了解队员们的特长、爱好，以及课堂纪律如何、学习态度如何，是否能够按时按量完成作业等。对于这些都做到心底有数，才有利于更好地、恰当地抓好班级工作。比如学校每月一测的英语百词，我就没把它当成是英语老师一个人的工作。我经常与英语老师交流谁背单词轻松准确，谁还不够努力，谁背单词比较困难，在对每一个队员的情况有了明确的了解之后，我再分别找这些队员谈心，了解部分队员学习吃力的原因，然后与学习吃力的这部分队员的家长沟通，争取得到家长的支持与帮助，请家长们在家花些时间来帮助孩子记忆单词。很多家长在了解了自己家孩子的具体情况之后，想出了很多好办法来帮助孩子克服单词记忆中的困难。比如，小京记忆力比较差，我就建议他在口袋里装上一个小本本，把老师每天要求背诵的单词写在上面，一有空就掏出来看一看、背一背，一遍又一遍地背诵当天所学新词，直到背熟为止。不仅如此，还要随时复习前面的单词。通过多方面的努力，很多队员背单词的能力有了极大的提高，单词测验成绩有了明显的进步，这也更加树立了他们学好英语的信心。

同时，通过和音乐、美术、体育、计算机等科任老师的交流，我也知道了谁唱歌好听，谁画画好看，谁短跑爆发力强，谁耐力好可以参加长跑比赛，谁会制作幻灯片……这样，在组织一些活动时，我就可以充分地发挥这一群队员的特长，让他们体会到成就感和自豪感。

### 三、师生齐努力，构建和谐班集体

一个中队，八九个教师，几十名家长，心往一处想，劲往一处使，积极建设健康活泼、团结友爱、力争上游的班集体。每天我哼着快乐的歌曲进班，孩子们高高兴兴上课，任课教师高兴而来，满意而归，教室的墙壁、地面一尘不染，卫生角清洁工具摆放整齐，图书角散发着书香，黑板报美观丰富……这是我一直追求的班级文化，也是我一直在努力做的工作。培养一个团结的集体，一个充满爱心的集体，一个充满朝气的集体，让班里的每一个成员都有主人翁意识是我的目标；在学校每周一评的"礼仪、两操、卫生、课堂、安全"的综合评比中，争取得到"流动红旗"，是我和所有队员们共同的追求。如今，流动红旗常常飘扬在我们中队。在学校举行的运动会上，我所带中队已经连续三年获得"精神文明奖"。

十个手指不一样长，同样，班里也会有个别队员不能时刻注意自己的行为，偶尔也会有给班级"抹黑"的不良行为出现。小宇是这学期从内蒙古转入我班的一个孩子。他个子高，长得壮，说话声音洪亮。刚来时，他明显和班里其他队员不一样。一下课就打打闹闹，不管课上课下，想什么时候说话就什么时候说话，课堂上也不认真听讲，这边老师的要

第二部分　教学论文

求刚说完，那边他的问题就来了，总是引得同学们哈哈大笑。面对这个刚刚进入新环境的孩子，我没有简单地对他进行批评训斥，而是在他犯错误时，找他"聊天"，询问他以前所在班级和以前的同学，以及他自己的一些情况，在此基础上，我再针对本班实际情况，让他自己通过观察、对比等方法，意识到自己哪儿做得不对，怎样才能和同学们和谐相处。渐渐地，他知道约束自己了——楼道里不追跑了，课堂上举手发言了，下课时不打闹了。同时，他也感受到了班里队员们对他热情的帮助，他也越来越喜欢这个中队了。

### 四、和家长保持联系，构建和谐家校关系

我利用下班时间进行每周一次的家访，短信、电话也是我与家长沟通的桥梁。得到了家长的理解与支持，就会事半功倍，干起工作也会信心倍增。班里有一个叫小然的小女孩，从出生起，她的妈妈就患病在床。于是，小然的爸爸带着她妈妈回老家去了。这个辛苦的爸爸要一边种地，一边照顾生病的妻子，就只能把女儿小然托付给小然六十多岁的姑姑姑父照顾。小然的姑父对我说："我们经济条件还可以，但是这个孩子从小就严重营养不良，虽然给她买了大量的营养品，但她还是体弱多病。在家学习时，她注意力一向不集中，三心二意，我真是着急啊！可这又不是自己家的孩子，打不得骂不得，真不知道怎么办才好啊！"从这个孩子的衣着、文具等各方面来看，显然，姑姑姑父对她的生活照顾得确实是无微不至，对她的学习也是十分关注。于是，我就跟小然的姑父说："别着急，孩子本身注意力时间就比较短，慢慢会好起来的。"这样安慰完老人家，我开始关注小然。到了课间，我会和小然"偶然"地聊聊天，聊星期天姑姑姑父带她到哪儿玩儿了，聊她有哪些亲戚朋友，聊她喜欢吃什么，聊她喜欢看什么电视，聊她喜欢哪个老师，聊她喜欢学什么……渐渐地，这个孩子就爱和我说话了。于是，我不仅知道了她

的情况，还"别有用心"地让她知道我到哪儿玩儿了，我有哪些亲戚朋友，小时候我喜欢吃什么，小时候我喜欢学什么……渐渐地，她上课认真听讲了，字写得也漂亮了，读书的声音也响亮多了，课上也举手回答问题了，学习成绩慢慢上来了……看到孩子的变化，我心里有说不出的高兴。她的姑父看到孩子进步了，也许觉得"口头感谢"不足以表达他内心的感激，给我写来一封封发自肺腑的感谢信，其中有一封信里这样写道："陈老师，看到我家的孩子能跟上班里的孩子，我由衷地高兴！您不让每个孩子掉队，让我非常敬佩！我一定配合学校、配合老师，好好教育孩子……另外，您的嗓子哑了，要注意保护，可以含含片，吃一些消炎药……"他还亲自给我送来"金果饮""咽炎颗粒冲剂"……我说，这些我都有，可家长却执意要送给我。我收下了，第二天我就买了一些营养品送给了小然……在另一封信里，小然的姑父这样写道："您这种废寝忘食、任劳任怨、负责到底的精神深深地感动了我，您对学生的学习情况和生活情况了如指掌，不但将学生的优点告诉家长，更重要的是及时与家长沟通每个孩子的不足；您不但对学生在校的学习非常负责，而且针对学生的未来对他们进行思想教育；您不但对学生的智商情况非常重视，而且对学生的情商也给予了极大的关注……"看到这些信，我感受到家长的认可，内心也颇为感动，我所做的都是一名少先队辅导员应该做的，能够被认可是我的幸福……

如今，虽然我的工作已经得到了大家的认可，但我很清楚地认识到，辅导员工作千头万绪，形式和任务又千变万化，在工作实践中，只有树立"以人为本"的理念，不断学习探索，总结行之有效的方法和经验，辅导员工作才能更上一层楼。

在今后的教育生涯中，我将用我的青春和热血继续耕耘属于我的这片沃土，在这片沃土上和孩子们共同成长。相信通过不断的努力，我能够在教育的道路上越走越顺畅，我的心中永远有一个明确的目标——做一名优秀的少先队辅导员。

# 关于布置小学数学作业的思考

贾 丹

## 内容提要

作业对于学生学习的意义不言而喻。作业内容、作业形式、作业量以及作业批改等，会直接影响学生的学习情绪和学习效果。传统作业存在一些弊端，随着新课程改革的发展，这些弊端日渐突出。因此，在小学数学作业的布置方面，我进行了一些思考。如何才能结合数学学科的特点，在汲取传统作业精华的基础上更得当、更有效地布置数学作业呢？

作业对于学生学习的意义不言而喻。作业内容、作业形式、作业量、作业批改等，会直接影响学生的学习情绪和学习效果。我们在教学实践中发现，数学作业是学生数学学习过程中一个不可缺少的重要环节。学生完成数学作业的过程是一个促进知识理解、吸收的过程，也是一个巩固知识的过程。关于小学数学作业的布置，结合传统作业的特点，我有了一些思考。

## 一、数学学科的特点

**数学学科的特点是什么呢？我认为数学学科的特点是：思考、推理、记忆、运算。**

1. 思考和推理

学好数学最重要的是学会思考、推理。不会思考、不会推理很难学好数学。数学知识就像一条锁链，一环扣一环，如果有一环断裂，那么整个锁链也就断开了。如果不能合理地思考推理，这条锁链就连接不起来，应用时就不灵活，甚至无从下手。

2. 记忆

数学中有许多内容需要记忆，如定义、公式、定理、公理、典型方法、重点题型等。要学好数学，就必须要拿出一定的时间和精力去记忆。但这记忆不是单纯的通过朗诵、多看几遍就能实现的。数学问题的记忆必须通过思维记忆，通过解答一定数量的习题，通过推理、总结达到记忆的目的。

3. 运算

要提高数学成绩，非提高运算能力不可。有很多同学在解答数学试题时思路清晰，速度很快，认为题目不难，结果却是大失所望。其大部分原因是计算能力差，即运算方法不简捷，步骤不规范、不准确，书写潦草等。要提高运算能力，必须强化训练，运算时认真仔细。

## 二、关于传统作业的思考

**传统作业有利有弊应该如何取舍呢？**

1. 传统作业书面作业多

教师布置的作业多为书面形式，一般是课后练习题或与课本配套的练习册里的题目。教师们普遍认为多做些配套的练习有利于巩固当天所学的知识。教师可以根据作业完成情况分辨学生对知识掌握得是否准确。除此之外还可以提高学生的运算能力,以及学生的记忆能力。对于一部分在数学学习中不善于思考和推理的学生也是一个逆向巩固的过程。由此可见,教师习惯于让学生完成书面作业。而在部分教师、家长和学生眼中,口头作业、活动作业就不算是作业,因此不够重视,要求学生完成的也就少了。

在对新课程改革的学习研究中,我发现,过多的书面作业是不可取的。这样不仅可能造成学生对学习感到厌倦,还会增加学生及家长的负担。但是不得不承认,传统的书面作业对于学生巩固已学知识有着不可替代的作用,同时也的确对教师及时发现学生知识点的模糊不清、掌握不足等情况有着重要的反馈意义。因此,重点在于如何理解"过多"。换言之,我们一线教师应该怎样准确掌握"得当"才是解决问题的关键。对于小学高年级的学生来讲,适当的书面作业是必要的,作业量应因人而异。

2. 布置传统作业时要求多以"整齐划一"为主

传统作业中,教师在布置作业的时候,只需要考虑班级整体的学生接受情况,讲什么内容就留什么作业,久而久之就形成了一个定式:强调统一的格式,强调统一的量,强调统一的答案,强调批改统一,等等。这样从形式上看很规范,从学生的作业时间上看很合理,从质量的角度上容易对比。而这些恰恰反映出传统作业观的弊端:忽视了学生个体心智的不均衡性,忽视了学生已有的知识和生活经验的结合,忽视了学生的创造性,忽视了学生的情感体验。

那么,新课程改革中我们需要思考,怎样才能既尊重学生个体差异又提高作业的时效性呢?

因人而异,尊重个体差异,这是教师在实践教学活动中应该时刻注意的问题，因此在布置作业这个环节上也是如此。布置作业时分"三步走"——课前作业，课中作业，课后作业。课前作业重点在于预习，此时的作业可以留一些开放性的问题，不需要统一的问题，也不需要统一的形式，更不一定要求有统一的答案。这个环节充分发挥学生的思考力、想象力、创造力、学习力，用每个年龄段学生独特的思考和推理能力，把数学和实际生活相结合。课中作业可结合本节课内容，在做一些辅助习题的过程中，让学生加深理解本节课的重点，也可提高学生的运算能力，同时再安排一定量的拓展训练活动，提高数学学习的趣味性。课后作业形式多样，多以实践作业为主，提高学生的思考和推理能力，理论联系实际，更好地解决生活中的问题，增强作业布置的时效性。

3. 传统作业布置时，综合实践活动很少

2001年新课程方案中指出："综合实践活动是国家规定的必修课，包括研究性学习、劳动与技术教育、社区服务、社会实践、信息技术教育五部分内容。"目前，综合实践活动课程的理论体系还在探索之中，这门课程的开设确实已经取得了初步的成效，它正在积极地改变着教师和学生的教学方式和学习方式，发挥着传统学科课程所无法替代的作用。综合实践活动充分地调动了学生的积极性，发展了学生的个性，提高了学生的综合能力，尤其培养了学生解决问题的能力、处理信息的能力、创新能力和合作能力，使学生在完成综合实践活动中转变了学习方式，为学生更好地成为完整的"社会人"打下了坚实的基础。在新课程改革中，教师更应该重视实践活动课程，布置作业时要将其考虑在内。

综上所述，综合实践活动课程带给学生的变化是任何一门学科课程所无法替代的，它和学科课程相互补充，共同促进学生全面素质的提高和发展。因此，综合实践活动课程的开设有着重要的意义！

4. 传统作业中作业评价形式单一

首先，作业的评价主体单一，只是教师一个人来完成评价。这样一来，一方面势必造成评价不完整、不全面；另一方面会给学生带来一定的心理压力，影响学生的可持续发展和终身发展。

其次，评价方式单一。教师对学生作业的评价一般只是习惯性地标出简单的对错，由于时间和工作量的诸多原因，无法给每个学生以指正或旁注。等作业发下来，学生看到的只是对错的标记，反馈信息量过小，缺少学生、教师与作业的情感态度的真实互动。

### 三、新课改背景下小学数学作业的评价方式必然要发生改变

1. 评价主体多元化

作业评价的定位由教师与作业之间转为教师与学生、学生与学生、家长与学生、学生与自己之间的交流与互动。让学生参与到评价的过程中来，把教师评价、小组评价、自我评价结合起来，让学生成为评价的主人。把"老师的话""家长的话""同学的话""我的话"结合起来，让学生在自我评价和他人评价中不断地完善自我，并将日常评价、阶段评价和期末评价有机地结合起来。

2. 评价形式多样化

小学数学作业有很多种形式，归纳起来主要有探究型作业、开放型作业、合作型作业这几种。对于不同形式的作业，其评价的重点也不一样。

（1）探究型作业——重过程

作业的评价应重视学生在作业过程中的思维方法、情感的培养和意志的锻炼，而不是简单的"优""良"或"及格"。

（2）开放型作业——重创新

作业中的一题多解，或者作业内容开放的，往往是没有唯一答案的，学生思考的角度不同，结果也不同。另外，由于小学生个体上的差异和年龄局限，他们有些观点也不可能太成熟，所以教师不能简单地用好与

坏、对与错来衡量，应侧重对它的新颖性和独特性的评价。

（3）合作型作业——重整体

作业的目标是学生的整体发展，所以作业的评价应关注学生在德、智、体、美、劳多方面的进步和发展。另外，对于合作型作业的评价，作业的结果凝聚着合作集体的智慧，所以合作型作业应注重对合作者的合作意识、合作能力和合作结果的整体评价。

综上所述，小学数学作业的布置，要遵循教育规律，结合新课程改革内容，在汲取传统作业的精华的基础上，勇于创新，循序渐进地进行改变，同时全面完善作业的评价机制，培养学生的综合能力。

**参考文献**

［1］李志宏，王晓文.新课程学生发展性评价［M］.北京：新华出版社，2003.

［2］中华人民共和国教育部.数学课程标准［M］.北京：北京师范大学出版社，2001.

［3］王丽杰，关文信.新课程理念与小学数学课堂教学实施［M］.北京：首都师范大学出版社，2003.

［4］边玉芳，蒋芸.作业展示性评价：学生学业评价的一个重要组成部分［J］.教育理论与实践，2004（7）.

第二部分 教学论文

# 浅谈新时期小学班主任管理方式的创新

杨 晴

**内容提要**

  教师是学生在学习道路上的参与者和引导者,为学生讲授知识、答疑解惑。小学班主任的重要性是普通任课教师无法替代的。他是一个班级的直接管理者,不仅负责传授知识,更多的是在生活方面进行教育管理,以及组织一切班级活动。如何在新时期更好地担任班主任一职?在我看来,身处科技、信息瞬息万变的新时代,我们身为教育者,首先要及时更新自身的教育理念,端正态度,掌握科学合理的管理方式,以便促进学生的全面发展。本文主要根据我做班主任的经验,谈一谈新时期小学班主任的带班理念和管理方式。

**关键词**

  新时期 创新 班级管理

  班级是一个"小社会",每个孩子都要在这个"小社会"里学习、生活、交往、体验,等等。这里不仅仅是一间教室、一所学校,更是他们成长与发展的关键场所,因此班级管理就显得尤为重要,也对班主任提出了较高的要求。作为新时期的小学班主任,身处科技、信息瞬息万变的新时代,我们要积极转变自身观念,采取可行的管理技巧,注重引导学生,找准定位,协调班级中各方之间的关系,推动学生更好地成长与发展。

## 一、新时期小学班级管理的主要问题

### (一)班级管理方式的转变

现在我们的核心理念是"一切为了学生,为了学生的一切"。新课程环境以学生为中心,学生是学习和发展的主体,而且要关注所有学生,尊重学生的差异。但大多班级管理中依旧是班主任的主体地位凸显,学生的主体地位并没有得到体现。在班级重大事情的决策中,学生的建议被采纳的比较少,尤其是小学生的意见更是较少得到认可,于是学生依旧依赖教师、长辈,自主意识不强。因此,作为新时期的小学班主任,管理方式应从"独裁式"转为"民主式",这样才不会降低学生对学校生活、学习的期待,也能更好地培养学生的主体意识。

### (二)学生的情感态度和价值观的形成不受重视

班主任也是任课教师,尤其以主科教师居多,部分班主任还承担着学校的其他任务。由于时间的局限性,再加上班级卫生、纪律等学校对班级考核的要求,班主任往往缺乏对学生个体之间差异性的重视,这将影响学生个体的情感与心理发展。而且随着学生的不断成长,他们的独立意识越来越强,有时学生会对班主任的严格管理产生逆反心理。班主任如果不及时调整这种管理方式,班级管理的发展将会受到严重限制。

## 二、新时期小学班主任的育人措施

### （一）文化建设

一个新班级就像一张白纸，要想让这张白纸变得绚丽多彩，班主任就要在这张白纸上做好定位。因此，班级文化建设就显得尤为重要，班级文化是班级内部形成的独特的价值观、共同思想、作风和行为准则的总和。班级文化是班级的灵魂所在，潜移默化地影响着孩子们，对于他们的学习、成长和成才有着不可估量的作用。

加强班级文化建设，营造积极、健康、向上的班级文化，已成为班主任提高班级管理水平、促进学生发展的重要方式之一。

**建设班级文化，可以从以下几方面着手：**

1. 以团结向上的精神鼓舞学生

我班征集同学们的意见，确立了班徽和班训。在众多选择中，孩子们选择了象征乐观勇敢、自强不息的"太阳花"作为我们的班花，由此提炼出"文明、乐学、和谐、善思"八字作为我们的班训，虽然简短却意义深远。我班的班徽和班训意在让孩子们懂得文明礼貌，希望他们在学习中发现乐趣，共同营造和谐班级，从小学会提问和思考。

我班的班规是"懂得用嘴角微笑，知道用小手帮忙，学会用耳朵倾听，体会用心去理解。让三十一颗种子共成长，让三十一颗星星共闪烁"。对于低年级的孩子，不需要高深的话语，简单易懂，从基础做起就可以，希望孩子们都能真正通过日常交往和学习，慢慢理解、实践这看似简单的规定，为以后的成长奠定基础。

与学生相处的时光,让我深刻体会到教育中真正的爱不仅是天冷时的嘘寒问暖、交流时的笑脸相迎、遇到困难时的关心呵护,更是对学生的理解和尊重,以及对他们成长乃至未来一生的负责。这就需要我们全面且深入地了解每一个孩子,通过认真细心的观察和交流,分析孩子们的情况,从一点一滴做起,尊重、平等地爱护每一位学生,走进他们的内心世界。

2. 以有趣的评价方式激励学生养成良好习惯

班级文化所体现出来的教育功能具有特殊的力量,不同于课堂教学,却又无处不在,渗透于各种活动之中,引导、平衡、制约、提高着孩子们的行为和素质。

一年级小学生刚刚踏入校园,对于学校的日常生活和学习不太适应,常常伴有焦虑和紧张,而作为小学生应该遵守规范,但是制度对于一年级小学生来说是陌生的。因此,帮助学生养成良好的行为习惯,以便他们尽快适应学校生活是低年级的教育重点。那么,怎样才能让低年级学生在轻松、愉悦的氛围下养成习惯呢?以下是我班对学生、小组评价的展示:

孩子们根据课堂、课间、作业、两操等一切在学校发生的行为收集"小星星",然后再兑换成小瓢虫或小蝴蝶扎在班级文化墙上。小组以集体的形式从各方面接受所有任课教师的检查、评比,从而获得"小星星",放在玻璃瓶中,每月比一比哪组获得的星星数最多,哪组就会得到小奖励。通过这种有趣的评价方式,班级成员的个人利益和小组利益,甚至班级利益都在直观上紧密联系了起来。这使得学生产生共同的心理意识,激发了学生对班级的认同感、荣誉感,从而形成班级的凝聚力。这种凝聚力以润物无声的方式时刻督促着孩子们在平时的学习和活动中形成"我是班中一员"的自我约束意识,也正因为孩子对每一个小瓢虫、小蝴蝶、小星星的重视,才使得他们的行为越来越规范。

3. 以轻松易学的"小口令"约束学生

除了有趣的评价方式,我根据《小学生日常行为规范》设计了一首简单易懂的班级公约儿歌,把良好的行为习惯融入其中。每节课前预备铃响起,学生通过背诵这首小儿歌,时刻提醒自己约束行为,这样,班级的常规行为规则就较为容易地渗透在了他们的日常习惯中。

**班级公约**

铃声响,进课堂,学习用品摆放好;脚并拢,手放好,比比哪个坐得好。
课堂上,要专心,大眼睛,看老师;小耳朵,认真听,小手放好不玩耍。
有问题,先举手,发言时,声洪亮;勤动脑,多提问,认真书写作业棒。
丁零零,下课了,先方便,不能跑;喝水休息不打闹,安全责任牢记心。
课间操,认真做,集体站队快静齐;吃中餐,不挑食,颗颗粮食不浪费。
爱劳动,讲卫生,纸屑果皮不乱扔;大家一定要记牢,天天养成好习惯。

4. 以科学有趣的活动养成学科习惯

根据学生年龄小的特点以及我所教授的数学的学科特点,我联合其他学科教师一起运用"代币强化法"帮助学生养成良好的学科学习习惯。"代币强化法"是心理咨询中常见的一种行为疗法,后被广泛应用于指导未成年人的行为矫正和性格塑造。其基本原理是通过赋予一定意义和价值的"代币"来强化目标行为,进而达到促进良好行为养成和改进不良行为的目的。

因此在我们班,学生通过积累积分卡,向各科教师兑换一些现实的物品、班级岗位或特权(代币强化物),这对学生改善行为具有重要的激励作用。下面就是我们班关于积分卡的兑换要求。

积分　　　　　　　　　　数学

语文

事实证明,这些训练学生养成良好行为习惯和学习习惯的方式方法,都很好地帮助学生在很短的时间内适应了小学生活。更重要的是,学生在习惯养成的过程中,体验到了成功的快乐、获得奖品的喜悦,以及不断进步的满足感。相信长此以往,孩子们一定会成为优秀的小学生,像

第二部分 教学论文

一朵朵灿烂的"太阳花"一样绽放。

## （二）开设特色课程带动学生

在现在的教育背景下，一定要在思想上和行动上正确认识"以学生为主体"，要注重学生的多元发展，充分发挥学生的主观能动性。"应试教育"由来已久，改革也非一朝一夕之事。作为班主任，我们需要注意自身对学科的态度，各个学科没有主次之分。我们需要渗透给孩子们的是，每一个学科都有它设立的道理，要成为一个真正意义上的完整的"人"，是需要全面发展的。

首先，每周的班会时间是可以充分利用的好时机。根据学生年龄特点提前规划、设计系列主题的班会，较为系统地在生活、学习等方面进行德育渗透。我们班结合班徽向往光明的"太阳花"开设阳光品格训练特色课程，以"阳光德育"塑造学生的美好品格。在课程中，通过讲故事、讨论交流、班会等方式对学生进行道德教育，并结合小学生日常行为规范的学习，引导学生做一个品德高尚、行为规范的小学生。例如，从绘本《猜猜我有多爱你》中体会爱，从《在教室里说错了没关系》中明白课堂上要敢于表达不怕出错，从《是谁在门外》中感受友善……

| 阳光品格训练课程 | | | |
|---|---|---|---|
| 课程时间 | 课程主题（内容） | 课程形式 | 参与人员 |
| 第2周 | "请让我自己来" | 讲故事、讨论交流 | 全班 |
| 第4周 | 老师，也是你的好朋友 | 课上交流 | 全班 |
| 第6周 | 节约粮食 | "数据说光盘"谈论交流会 | 全班 |
| 第8周 | 合作真好 | 《新龟兔赛跑》主题班会 | 全班 |
| 第10周 | 学习方法 | 《听讲与完成作业》主题班会 | 全班 |
| 第12周 | 爱护自己的物品 | 《谁是我的小主人》主题班会 | 全班 |

续表

| 阳光品格训练课程 | | | |
| --- | --- | --- | --- |
| 课程时间 | 课程主题（内容） | 课程形式 | 参与人员 |
| 第14周 | 热爱大自然 | "让我们寻找美丽的春天"实践活动 | 全班 |
| 第16周 | 珍惜时间 | 讲故事、讨论交流 | 全班 |
| 第18周 | 友好相处 | 课上交流 | 全班 |
| 第20周 | 讲文明，懂礼仪 | 《文明守秩序　快乐伴我行》主题班会 | 全班 |

**（三）开设丰富的活动陶冶学生的情操**

教育不该只限于课堂上、学校中。除了基本的学科课程，还要创造开展丰富多彩的实践活动的机会，通过让学生亲身参与，更好地进行学习、体会某种精神或是品质也是不错的教育方式。

例如，参加为期三周的"国防小卫士"实践课程，虽然学生们年龄小，但通过每天与军人叔叔一起训练常规的基本动作、唱军歌、做游戏等，体会一把"小军人"的感觉。苦确实苦，累也确实累，但孩子们都能从一开始的哈欠连天到慢慢接受，最后变成个个都是精神抖擞的小标兵。在这一过程中，孩子们确实成长了。尽管对军人、军队和我国的军事实力这些概念还并不完全了解，但他们能说出"要做一名保家卫国的军人"，这就是值得骄傲的成长历程。

一年级共同设计的"走进五里坨民俗陈列馆"实践活动，让生活在高科技、现代化都市的孩子们"穿越"到旧时光。参观院落，那些老物件儿——座钟、水缸、缝纫机等，都为孩子们描绘出老一辈的生活场景。鲜明的生活反差，相信会让孩子们有所感悟！

同时，同年级不同学科之间也可以相互融合，共同设计实践方案。班主任作为总领导者，应尽可能抓住每一次机会，协同其他教师为孩子们尽可能多地创设贴近生活的多彩实践活动。相比于言传，亲身经历效果往往更佳！

## 三、家校合作形成教育合力

教育不可只依靠学校和教师，家庭同样需要严把"教育关"。因此，家校合作是每位班主任工作中的重中之重。作为孩子的第一任教师，父母、家庭的教育影响更为深远。班主任应全面了解本班学生的家庭情况，在发现问题后，及时与学生家长沟通反馈，双方相互配合，才能起到教育作用。

家校合作同样不易，家长有家长的考虑方式，教师有教师的站位角度，都是为了孩子，却也难免出现小分歧。作为班主任，本着良好的教育态度，学会巧妙地沟通是非常必要的。

合理利用微信群、班级圈等信息媒介，明确规定发言规则。孩子们每天都在为打造团结班级努力，家长们同样也要出力！作为对孩子们在校情况的沟通、反馈之所，群中鼓励发一些有关教育的好文章，或是与学习相关的好资源；家长作为孩子的榜样，要避免散布不实消息，或是消极、不健康的内容；有个别问题，可以私信班主任或某位教师；孩子们学习礼仪，家长同样需要尊重教师……

成立"家委会"，在家长中选出几名"大家长"，明确分工，调动家长们的积极性。有些问题的处理，从家长一方提出，会让其他家长更好地接受和效仿。以家长带家长，为家校合作奠定和谐、团结的基础。

家校合作是相互的，需要班主任运用智慧，巧妙地添加一些"润滑剂"，让双方都能为了孩子，把力往一处使！

## 四、教师队伍的建立

### （一）提高个人素质

社会的飞速发展不断地推动着我国教育的发展进程。作为教师，不难发现，现在的孩子与过去的孩子相比，有极大的变化。原因是多方面的，而每日接触巨大的信息量也是其中一点。这标志着在科技、社会进步的同时，教师面临着巨大的挑战。在如今这个信息充斥的社会中，孩子们有太多的方式可以去获取自己想要的答案，但好坏不可知。因此，作为班主任，要与时俱进，主动学习，让孩子们爱上自己的课堂。同时要巧妙利用网络上积极的信息，激发学生的学习兴趣。

班主任每日的工作繁复、琐碎，而合理、有效的工作方式是班主任顺利开展工作的前提。

在班级管理方面，班主任需要及时反思，分析自己的教育教学工作。班主任不可能面面俱到，要力争"不到之处"越来越少。班主任之间更是需要相互学习，可以就班级某一问题共同讨论，多些交流沟通，相互借鉴好的经验与新颖的想法，不断丰富管理方式，为每天的工作打好坚实的基础。

### （二）班干部队伍的培养

作为班主任的好帮手，班干部的选拔是重要的。这就需要班主任细致地观察，留意学生的性格和能力，找到他们身上的闪光点，并创造机会，让缺乏自信的孩子相信自己可以做好，让有能力的孩子愿意带着其他孩子做得更好。

"学生为主体"意味着作为班主任，一定要听到孩子们真实的声音，让孩子们真正参与到班级的活动与管理中。好的班级，有智慧的班主任是不需要凡事亲力亲为的，要学会放手，给孩子们一定的空间和时间。班主任的过多干预和管理，会导致班干部有名无实，能力上并不能得到锻炼。学生是需要在实践中成长的，教师应学会倾听与信任，即使孩子们做得不够完美，也能让他们有所成长，下次遇到同样的问题才能处理得更好。只有通过这种放手锻炼的方式，孩子们才能长大。

### （三）教师通力合作

身处校园，我们要尽可能充分利用环境、资源，为孩子们营造合适的学习氛围。但教无定法，每位教师都有自己的教学风格和习惯，有时不免有所冲突。尤其在小学，是孩子们行为习惯养成的重要阶段，如果教师能够通力合作，就本班情况达成某种教育共识，形成统一的标准，相信就会收到事半功倍的效果！教育非一人之力，班主任作为一个班级的带领者，可以组织不同学科间的教师定期交流，不单是统一标准，也可以在沟通反馈过程中更全面、更深入地了解本班学生，并发现、解决问题。

哲学家雅斯贝尔斯说过一句话，真正的教育是"用一棵树去摇动另一棵树，用一朵云去推动另一朵云，用一个灵魂去唤醒另一个灵魂"。教育之路上必然会遇到很多困惑和问题，但我相信，只要拿出真心、爱心和诚心，孩子们和家长们一定可以感受到，将三方凝聚在一起，一定可以战胜困难，共同成长。

### 参考文献

满福贤. 新时期小学班主任的管理技巧与方法研究［J］. 瞭望，2018（13）：

# 第二篇

# 学科教研

# 通过小学数学综合与实践活动提高学生的数学素养

陆 楠

## 内容提要

　　小学数学综合与实践活动，强调学生亲历真实的实践，在实践中解决问题，获取真实的体验，在完成实践任务和解决现实问题的过程中提高实践能力，培养创新意识和创新能力。综合与实践活动为学生提供了综合运用知识、方法，获取生活经验，提高解决问题的能力的平台，在运用数学知识的过程中积累数学活动的经验，丰富学生的实际获得，提高数学核心素养。

　　深入挖掘教材所涉及的综合与实践内容，使学生从更多的视角学习数学、理解数学。通过认真创设情境，精心安排活动内容，创造性地开展活动，让学生充分感受到实践探索的乐趣、综合应用的价值，体验数学与生活的密切联系，探索数学综合与实践活动的设计方式及实施策略，积累研究经验，在综合与实践活动中准确把握数学思想的渗透点，从而落实核心素养的培养。

## 关键词

　　小学数学　综合与实践活动　数学核心素养

第二部分 教学论文

综合与实践活动为学生提供了综合运用知识和方法来获取生活经验、提高解决问题的能力的平台，使学生在运用数学知识的过程中积累数学活动经验，丰富学生的实际获得，提高数学核心素养。

小学数学综合与实践活动是让学生在自主探索、合作交流过程中主动地获取数学知识，主动提出和解决问题，积累数学经验的活动。小学数学综合与实践活动更强调学生亲历真实的实践，在实践中解决问题，获取真实的体验。在完成实践任务和解决现实问题的过程中提高实践能力，培养创新意识和创新能力。在这样的教学过程中，学生能够更有兴趣、更积极地参与到学习中来。这种参与就是学生自己发现知识、探究知识、应用知识的过程，对于提高学生数学学习效果有着明显的促进作用。

许多研究资料指出，培养学生的数学思想，应注重结合实践操作，做好归纳总结。小学数学教师在培养学生数学思想的同时，要注意从生活视角开展数学思想的渗透与培养，将小学数学教学与实际生活紧密结合起来，培养小学生学以致用的能力，提高学生的综合数学素养。

对于学生来说，获得良好的数学教育的标志是"四基"的整体实现，体现了现代数学教育观和数学素养的新内涵，即培养学生逐步学会用数学的眼光看待世界、分析和解决问题。因此，在小学数学综合与实践活动中，开展数学思想的培养，帮助学生全面地认识数学、了解数学，显得尤为重要。

## 一、明确综合与实践活动的内涵

### （一）综合与实践活动的内涵

新课标在小学数学教学中设置了"数与代数""图形与几何""统计与概率""综合与实践"四部分内容。其中综合与实践活动是以问题为载体,以学生自主参与为主的学习活动。让学生在解决问题的过程中经历发现问题、提出问题,经历把实际问题转化成数学问题,经历设计解决问题的方案,以及经历团队合作解决问题,等等。在这样的实践活动中,学生可以学会运用综合知识解决问题,学会科学合理地设计解决问题的流程,学会与人合作交流、克服困难……综合与实践是积累数学活动经验、培养学生解决问题的能力的重要载体。

### (二)综合与实践活动的两个重要特征

综合与实践活动有两个重要的特征。

一是综合性。主要体现在:学生在解决问题的过程中,不仅要综合数学知识中各领域(数与代数、几何、统计)的知识,还要运用其他相关学科的知识;不仅要运用知识,还要运用学生的生活经验寻找解决问题的方法和工具,以及培养学生与人交往、沟通、协作等各方面的能力。

二是过程性。教师通过问题引领,引导学生全程参与实践的过程,经历比较完整的学习活动。过程性主要体现在学生要有足够的时间和空间经历观察、实验、猜测、计算、推理、验证等活动过程,也就是学生必须经历思维活动的过程。同时,活动形式上要鼓励学生独立思考、多采用小组合作、实景观察、实地测量、动手操作、收集数据、问卷调查、数据计算等活动形式,使学生能真正"动起来"。通过问题的引领,学生思维和行动都"动"了起来,这时综合与实践就有了过程性。

### (三)"问题"是综合与实践活动的重要载体

综合性能否体现出来,"问题"的设计很关键。待解决的问题应需要学生综合运用知识、经验、方法、工具、能力去解决,所以综合与实践的首要前提是要有一个好问题。好问题应源于学生的生活实际,使学生能够综合多方面的知识、能力来真正感受学习数学的价值。过程性能否体现出来,主要看有没有"自主"的空间,有了好问题,还需要学生独立或在教师指导下探索、尝试,这样才能积累起丰富的活动经验,提高学生解决问题的能力。

## 二、实施综合与实践活动对于培养学生数学核心素养的重要性

深入挖掘教材所涉及的综合实践内容,使学生从更多视角学习数学、理解数学。认真创设情境,精心安排活动内容,创造性地开展活动,让学生充分感受到探索实践的乐趣、综合应用的价值,体验数学与生活的密切联系。

数学综合与实践活动的开展能够让学生将数学知识和方法加以整合,来解决生活中的实际问题。活动中的问题通常也具有一定的现实背景,这些背景与实际生活或其他学科的知识有着千丝万缕的联系。所以,开展综合与实践活动不仅有助于学生感受数学知识内部的各种关联,而且有助于学生感受数学与实际生活以及数学与其他学科的广泛联系。

在小学数学中,培养学生核心素养,需要引导他们把所学知识转化为能力,再把能力内化为素养。因此,首先,活动中设计的问题情境要能激发学生的探究兴趣,这样才能吸引学生主动参与活动过程,引发学生探究的积极性,进而促进高质量思维的不断生成。其次,活动过程中不同的学生会产生不同的想法,大部分学生还会遇到各种各样的问题,通过引导学生合作交流,使他们的思维不断碰撞,在各自的启发中解决各种问题,这样更有利于学生的发展。最后,也是最重要的,就是活动过程中的回顾与反思。综合与实践活动中的回顾与反思有助于学生进一步明确探究的思路,把握探究的关键,感受探究活动所蕴含的数学思想方法,从而也就有利于将探究真正内化为一种学习意识和学习素养。

## 三、在综合与实践活动的实施中促进学生数学素养的形成

在综合与实践活动中,"实践"是非常重要的,是学生学习数学、进一步认识数学的一种重要形式,需要在活动过程中让学生自主参与,积极动脑、动手、动口,这样才有助于学生积累丰富的、更具迁移力的数学活动经验。数学教师要探索数学综合与实践活动设计方式及实施策略,积累研究经验,在综合与实践活动中准确把握数学思想的渗透点,从而落实核心素养的培养。

### (一)低年级综合与实践活动实施的主要环节

根据小学数学综合与实践活动内容和各年级学生的特点,探索数学综合与实践活动的开展方式,探索在教学中如何围绕综合与实践活动内容创造性地开展教学,以丰富数学综合与实践活动的教学形式。以低年级为例,综合与实践活动的实施可以归纳为以下四个环节。

1. 问一问

根据低年级学生的年龄特点,综合与实践活动的问题可以由教师实现设计并提出。教师要注意引导学生认真地读懂题目,理解题意,明确要求,要帮助学生充分自主地进行综合与实践活动,选择适当的题目很关键。

2. 想一想

有了好的问题不等于就有好结果,还要特别提醒学生在动手解决问题之前,先要仔细想一想、议一议,不要盲目地动手去做,在想、议的过程中,通过思维的碰撞互相启发,确定解决问题的方案。

3. 做一做

在做的过程中,教师要放手让学生参与,启发和引导学生进入角色,组织好学生之间的合作交流,尽可能关注到每个学生,及时帮助、鼓励

第二部分 教学论文

学习有困难的学生自主地解答力所能及的问题。同时还要提醒学生在做的过程中感悟数学的功能和价值，在这个过程中培养学生学习数学的兴趣、习惯。

4. 评一评

关注评价。在评价时，教师不仅要关注结果，更要关注过程，允许学生尝试失败，更要从失败中找原因，积累经验，这也是综合与实践的内涵之一。要鼓励和引导学生充分利用综合与实践的过程，积累活动经验，要鼓励学生在交流中，敢于展示自己的思维过程，善于交流收获的体会，表现创造的潜能，体现合作的价值。

### （二）中、高年级综合与实践活动的实施

对于中、高年级的学生来说，综合与实践活动的实施与低年级一样，也要经历上述四个重要环节。但是随着学生年龄的增长、经验的丰富，要求也要适当提高。问题应该由学生自主提出、确定。在想一想的基础上独立设计活动方案时，要综合考虑小组人员分工、场地、工具……由于此时的问题已较为复杂，在具体实施阶段往往需要一段时间来完成。在交流汇报环节，学生的展示形式也应该更为丰富，如手抄报、思维导图、演示文稿等等，逐渐积累活动经验。最后还可以引导学生将经验进行迁移，用积累的经验再次解决类似的问题，达到举一反三的目的。

在进行综合与实践活动时，寻找有价值的研究问题是非常重要的。问题既要符合学生的年龄特点，贴近学生的生活，还要让学生综合运用所学知识。学生能在真实的、感兴趣的现实情境中互动，调动身体各种感官动手实践，去亲自感受，从而获得丰富的实践体验。在具体的实施过程中，问一问、想一想、做一做、评一评是综合与实践活动应经历的四个很重要的环节，在此基础上还可适当增加某些环节。通过开展综合与实践活动促进学生的全面发展，提高学生的核心素养。

数学实践活动重视活动经验的累积,包含对数学的情感态度、价值观和对数学之美的体验,也包括渗透活动中的数学思考、数学观念、数学精神等。因此在综合与实践活动的实施中,开展对学生个体或群体解决问题的路径、效果、自信心等方面进行评价的策略性研究,使学生在活动中学会自主、有逻辑性地思考,能够有效地促进数学素养和实践智慧的形成。

**参考文献**

［1］吴正宪,刘延革.吴正宪答小学数学教学50问［M］.上海:华东师范大学出版社,2017.

［2］王永春.小学数学与数学思想方法［M］.上海:华东师范大学出版社,2014.

［3］吴正宪,张丹.儿童数学教育丛书·发展儿童数学关键能力［M］.北京:教育科学出版社,2017.

# 应用信息技术优化课堂教学

陈林林

教学实践证明，应用信息技术优化课堂教学是一种高效的现代教学手段。它让学生在学习中始终保持兴奋、愉悦、渴求和上进的心理状态，它对学生主体性的发挥以及创新意识和探索精神的培养有着事半功倍之效。在小学教学中运用新颖、先进的多媒体信息技术，可以在知识的抽象性和学生思维的形象性之间架起一座桥梁，可以优化课堂结构，还可以改革旧的教育教学方式方法，显著提高学习效率。它不仅为学生的学习创设了独有的、开阔的学习环境和活动环境，而且为学生提供了充分的观察、思维和实践的机会，在学生创新能力的培养和实践能力的提高方面具有无法比拟的优势。笔者结合自己电教工作的实际经验以及多次观摩优质课的经历，具体总结如下。

## 一、利用信息技术培养学生的学习兴趣，激发学习动机

孔子曰："知之者不如好之者，好之者不如乐之者。"兴趣是求知的先导，兴趣的提高往往离不开生动形象的教育素材。而计算机集文字、图形、图像、声音等多种媒介于一体，对其所表现的信息具有极佳的展示效果。课堂中恰当地使用多媒体课件，能激发学生的学习兴趣，让课堂气氛更加轻松愉快。形象生动的情境，能够充分调动学生的主动性。

《义务教育数学课程标准》在"课程基本理念"部分明确指出："创

造一个有利于学生生动活泼，主动发展的教育环境，提供给学生充分发展的时间和空间，义务教育阶段的数学课程应充分体现普及性、基础性和发展性，关注人的情感、态度、价值观和一般能力的培养。"没有情感的教学是不快乐的，也是没有生命的。每一个学生都是具有情感的生命体，每一位教师都要深刻地理解《义务教育数学课程标准》的内涵，努力创设利于学生思维发展的学习情境，让学生置身在探索数学的乐园里。

如在讲"圆的认识"这一节课时，教学时教师运用多媒体演示，先让学生看到画面中自行车、三轮车、汽车的车轮都是圆的，接着将它们的轮子换成三角形或正方形等形状，学生观察后议论纷纷，个个笑得前俯后仰……最后又把轮子换成椭圆形的，同学们看完后都说："这也不行，坐上去谁受得了？"此时，教师提出问题："为什么圆形的轮子就行，其他形状的轮子都不行呢？"教师的启发唤起了学生探究的欲望，引导学生参与学习，激发了学生的学习兴趣。学生在积极的状态下进行学习，深刻地认识了圆的特征，获得事半功倍的学习效果。

很多教师自制的多媒体课件虽然远比传统的纸质媒体丰富、生动，但采用的依然是传统媒体的单向线性组织结构，无论教学内容还是教学顺序都是按照教师课前的设计安排的，不但学生无法根据自身的兴趣和认知顺序来选择学习的重点和路径，就连教师自己在课堂上也无法再进行更改、增加，或省略其中的任何一个步骤。这无疑不利于个性化教学，更不适合多变的课堂教学实际。

例如，在讨论《和我们一样享受春天》这首诗歌时，每个学生最有感触、印象最深的诗句是不同的，发言时涉及的诗句自然也不相同，教师不可能预知并按照诗句原有的顺序来安排他们发言讨论的顺序。这样，就需要能够根据学生发言的实际情况随时对课件进行选择展示或关闭。而第6版的视频播放插件就提供了这样一种可能。这个课件完全不是演示型课件，而是可根据讨论情况，任意调取任何诗句；所给的提示，也是开关随意，可根据教学情况决定用或不用。同时，这个课件中还配备了电子黑板，可随时记录学生发言的要点，也可以展示教师预先存储的教学提示。

这样一种超文本结构的课件，实质上是将系统流程的控制权交给了学生，学生可以根据自己的兴趣爱好、知识经验、任务需求和学习风格来选择使用信息，自主确定学习路径和认知环境。因此，对完成多层次、个性化和创造性的学习目标十分有利。在这节课上，学生在讨论中所表现出的自主性、积极性和个性都远远超越了一般演示课件引导的课堂讨论中的表现。

## 二、利用信息技术丰富学生想象，培养创新思维

德国某位数学教育家认为："思维活动的质量决定着学习的质量。"学习，如果过分依赖学习者的经验或感性认识，即纯粹的经验堆积，而不是通过认知过程对经验进行加工，那么学习将会出现危机。因此必须重视人的思维教育。在教学过程中，解决直接经验与间接经验、实际与理论间的矛盾，利用信息技术是一种行之有效的手段。尤其是多媒体计算机，它可以把文字、图形、声音、动画、视频图像等信息集于一体。教学中使用多媒体技术能使学生获得极为丰富的、生动形象的感性认识。

例如，教学"平行四边形面积的计算公式"。首先，让学生用数方格的方法初步感知平行四边形与长方形的联系，再在多媒体计算机上动态演示，用"割补法"推导平行四边形的面积公式。教师引导学生有序地观察演变过程，让学生在观察平行四边形至长方形的转化过程中，理解"长方形的长和宽分别相当于平行四边形的底和高，长方形的面积就等于平行四边形的面积"。最后，要求学生仿照图的方法剪一剪、拼一拼。整个过程中演示与讲解、观察与操作融为一体，从不同的角度丰富了学生的感性认识，为学生准确地理解和掌握平行四边形面积的计算公式奠定了坚实的基础。

"什么都能代替，唯有思维不能代替。"学生主动参与学习，勇于猜想、质疑问难，是培养学生创造思维的途径。在教学中，教师要注意学生思维能力的培养，引导学生在思考中善于发现问题、提出问题、解决问题，培养他们的创造精神。

## 三、利用信息技术揭示规律，有利于提高课堂教学效率

数学概念舍弃了具体形象的支撑而升华为抽象的文字，学生不易接受，利用传统的教学方法，无法清晰地展示或无法观察到展示的过程。而多媒体技术集声、光、色、动等于一体，在教学时，我们可以充分利用多媒体的闪烁、移动、变形等功能，使学生在具体、形象的感知中轻松而高效地理解概念的内涵。在教学两位数减一位数的退位减法时，例如"23-8"，计算机画面上先出现小棒，两捆和三根怎样减去八根，学生可以先自己操作，试一试怎样减，探求方法，然后，按一下正确答案，出现画面：画面上出现两捆零三根小棒和一只小熊，按照学生摆的方法，小熊把一捆小棒拆开，然后和三根小棒合在一起，去掉八根小棒，等于十五根小棒。小熊边做边说，再加上适当的音效和音乐。在这个过程中，学生可以亲自操作，可以亲眼看见这个过程，认识两位数减一位数，退位减法的关键就是不够减的向前一位借一，在个位上加十再减。在一系列的动态过程中，学生还可以反复操作，抓住重点，从而得到正确结论，学会知识，完成教学任务。这一环节，借助多媒体的色彩、闪烁、声音、动画演示，不仅激发了学生的学习兴趣，而且可以帮助学生形成表象，促进知识由具体到抽象的转化，启发思维，提高课堂教学效率。学生的求知欲由潜藏转为活跃，有力地调动了学生思维的积极性和主动性，培养学生的创新意识。

总之，多媒体教学是一把名副其实的"双刃剑"，只有将信息技术与传统教学的理论与方法有机结合，才能逐步完善。在课堂教学中恰当、巧妙地使用这一技术，才能真正发挥它的价值。以上是我的一点深切感受，在今后的工作中还要不断地发现与总结。

# 略谈书法教育中核心素养的培养

陈 曦

**内容摘要**

书法文化博大精深,书法教育独树一帜。

**关键词**

核心素养  知识  能力  品质

书法以汉字书写作为表现形式,是汉字文化的重要载体,充分展示出汉字艺术的美学意蕴与文化内涵。中央广播电视大学文法学院吴鸿清教授早就提出"书法不仅是'艺术',更是文化,修炼人身心的文化"这一观点。我以为,随着书法教育的重拾与再次普及,除去书法技能的培养目标以外,其特有的文化价值、教育价值的魅力应该为我们所重视。那么书法教育核心素养培养的着力点和路径究竟是什么?我进行了一些思考和尝试。

## 一、获取积极学习的态度

识字与写字是学生系统接受文化教育的开始,也是小学阶段语文和书法课程的起始目标。教育部颁布的《中小学书法教育指导纲要》中明确规定：中小学书法教育要注重基本书写技能的培养，不断提高书写水平。教学生学会规范书写基本笔画和偏旁部首，美观组合众多笔画及间架结构，这些技能是书法教育核心素养的基石。但机械的练习，相对枯燥，因此我非常注重培养学生学习的兴趣，提倡自主学习，积极尝试运用各种现代手段带领学生步入书道之门。比如通过创编大量朗朗上口的书写要领口诀，优化课堂教学内容，加深对字形的理解与记忆，方便学生掌握；再比如通过部件拆组的实验研究，优化课堂教学的策略，快速掌握汉字结构组合规律，提高学生书写水平……但不管手段多么丰富，兴趣多么浓厚，技能的获得与工夫的投入还是成正比关系的。纵观中国古代书法史，汉代著名书法家——"草圣"张芝"池水尽墨"的故事广为流传，唐代著名书法家柳公权"写尽八缸水，砚染涝池黑"的典故更是给我们后人以形象的启迪。众多书家为了得到笔法的真传，寻碑访友，所下工夫之大非凡人能及，所获功力之深正是长年累月持之以恒的成果。帮助学生在学习知识的过程中逐步形成不断积累获取知识的学习态度，正是学生终身发展必不可少的关键素养。当尝到学习的甜头后，在"我要学""我会学"的良好状态之下再去逐步培养学生肯下工夫的态度和习惯，将事半功倍。

## 二、培养体验感悟的能力

核心素养扎根于传统文化中。我们要让传统文化走进课堂、走向学生、走近生活，要把最本原的学习内容还给学生，把体验感悟的学习方式教给学生，创造更多的机会让学生直接面对其本质，在充分的浸润中深刻感悟，在深刻的感悟中不断生发出新的思维。通过书写、欣赏体悟技法与神韵，通过文化体验感悟文化内涵，从而提升综合素养。首先，在课堂上，我指导学生不断地与古人对话，时刻有一颗"悟"心。比如笔画的长短、粗细的变化，字与字之间的呼应关系，整个章法的谋篇布局等。其次，重视对学生进行名家名帖的赏析能力的培养。在学校大厅用大理石墙面雕刻了巨幅的王羲之《兰亭集序》，呈现雅士不凡的风格，在体验馆、陈列馆中分别装裱出天下三大行书的另两部。其一《寒食帖》为苏轼撰诗并书，他将心境情感的变换寓于点、线等笔画的变化中，或中锋，或侧锋，转换多变，顺手断连，浑然天成，是学士才子的风格。其二唐代颜真卿《祭侄稿》则是至哲贤达的风格。赏帖，是领略书法艺术高妙神韵的好途径，在领悟美、欣赏美的过程中受到熏陶、感染和教育。最后，我们打造书法专业教室，陈列区中分类陈列着笔墨纸砚以及与文字、书法相关的历代典型器物、碑拓、印章等，学生穿梭其中，套用一句时髦的话便是"穿越"，古韵飘来，神韵再现；体验区各类体验项目如印刷、碑拓、毛笔、宣纸的制作、书画托裱、简单刻章等，让学生直面华夏文化的博大精深，领略古代先人的智慧，心灵得到滋养，底蕴得到积累。让学生课内课外，不断地悟，不断地想，"生发"也就成了必然。

## 三、激发创优创新意识

核心素养强调的不只是知识和技能，更是获取知识的能力。当传统的书法文化从历史中走来，如何在瞬息万变的当今社会继续发挥其更大的育人功效？我们又如何对其应有的文化精髓充分挖掘与传播，并不断地延伸？在一系列追问中，我们明晰：除了传承，更要植入创优与创新的思路，开创现代书法教育的新路径，培养学生创新人格、创新思维，造就既有传统底蕴又具创新能力的现代人。学校着力于创新建构书法特色文化，在特色传承和改造中形成书法文化生态，在特色发展和融合中优化文化功能，在特色渗透和互动中提升学校的文化品质，努力把书法文化做大、做优、做特、做强。我们以书法为圆心，整合各科元素，与古典诗词、国学诵读、绘画、舞蹈、体育等相融合，衍生各类综合拓展课程。教室中引进最先进的液晶数位屏，逼真模拟软硬笔书写中的笔触、笔锋，学生们可以亲身领略传统与现代的巧妙融合……在学习中，学生逐步发现，原来书法并不是枯燥的习字，它的内容可以如此丰富和多元，它的呈现方式可以如此生动和精彩，书法是一个充满魅力的世界，正等待大家去不断地探索与发现、创造并享受。于是，学习的热情被点燃，创新的思维被激发，创造的意识由此开始，"生长"成为必然。

## 四、追求品质做人的境界

大家都会认同这样一个观点：衡量一个人是否受过教育，根本标准是品格。它突出一个"品"字，一定要把学生培养成有品质、有品格、有品位的人。纵观中国古代书法史，我们可以发现，很多大书法家除了流传千古的作品外，其自身的修养和品格也同样出类拔萃。柳公权、欧阳询、苏轼等，能文善吟者不胜枚举。字与人，相辅相成，练字如做人，其字如其人。书法与人品的一脉相承为大家所认同，加强字外功夫的修炼，让诚信、宽容、感恩、守礼等品质成为每个学生自觉的意识。小书法家们的墨迹一幅幅整齐地悬挂，力透纸背；穿梭在校园的走廊，一句句《三字经》《论语》等警醒着队员们笃行慎思、锐意进取……录制的众多习字小视频更是从谦逊有礼、服从大局等方面指导"穿插""避让"等书写技巧。这些无声的人文环境和有形的画面读物如涓涓细流，润泽了学生的气质，涵养了学生的品位。

核心素养是人成长过程中最关键、最重要、最不可或缺的素养。书法教育与其他领域的教育一样，其核心素养的内涵包括核心知识、核心能力、核心品质，在大力弘扬有序推进中华传统文化教育的今天，通过书法教育来帮助学生获取技能技巧，树立创新意识，修炼人品人格，显得尤为重要。

# 在小学数学综合与实践活动中渗透数学思想方法的策略研究
## ——以"摆一摆，想一想"为例

东晓艳

**内容提要**

为了提升学生的数学素质和能力，教师需要将数学思想和方法的渗透作为教学主题。通过主动迎合教学改革的内涵，摒弃不够科学、合理的教学方法，不断做好数学思想和方法的渗透工作，实现在提升学生内化知识能力的同时，培养学生分析问题和解决问题的思维。如何在综合与实践活动中落实课程新理念的要求，渗透数学思想方法，本文首先明晰了数学思想方法的概念内涵，阐明了数学思想方法的意义，然后以人教版数学一年级下册"摆一摆，想一想"一课为例，结合教学设计，浅谈如何在综合实践教学活动中落实数学课程的新理念，渗透数学思想方法，提高学生的数学核心素养，为学生进一步学习数学打下良好的基础。

**关键词**

数学思想方法 综合与实践活动

《义务教育数学课程标准（2011年版）》提出，通过小学阶段的学习，使学生获得"适应社会生活和进一步发展所必需的数学的基础知识、基本技能、基本思想、基本活动经验"，并学会"运用数学的思维方式进行思考，增强发现和提出问题的能力、分析和解决问题的能力"。为此，教师要学会思考：在某一具体教学内容中包含了哪些"四基"？可从哪些方面培养学生的"四能"？如何把提高学生数学学习的兴趣、增强数学学习的信心落到实处？本文拟以人教版数学一年级下册"摆一摆，想一想"一课为例，结合教学设计，谈一谈如何在教学活动中落实数学课程的新理念，提高学生的数学核心素养，为学生进一步学习数学打下良好的基础。

## 一、数学思想方法的含义

所谓数学方法，是解决数学问题的策略和程序（即解决具体问题所用的方式、途径、手段），它是学习数学知识、运用数学知识解决实际问题的具体行为，具有操作性和具体性；所谓数学思想，是对数学知识、方法、规律的本质认识，是比数学方法更抽象、更概括、更本质的认识，它是数学的灵魂、精髓，是数学方法的理论基础。

小学数学教材以阶段呈现数学知识与技能这一明线，同时蕴含数学思想方法这一暗线。主要的数学思想有对应思想、集合思想、统计思想、模型思想、符号思想和数学美思想等，主要的数学方法有观察、实验、比较、分析、综合、抽象、概括、判断、推理、猜想等。由此可知，数学知识、数学思想方法是相互依存、相互联系的统一体。数学知识是数学思想方法的学习和训练。

## 二、数学思想方法的意义

### （一）掌握数学思想方法是小学数学教学的新要求

《义务教育数学课程标准（修订稿）》在"基本理念""总体目标""实

施建议"中都涉及有关数学思想方法的内容,对数学思想方法的教学提出了新的要求。"总体目标"第一条就明确提出:"让学生获得适应未来社会生活和进一步发展所必需的重要数学知识(包括数学事实、数学活动经验)以及基本的数学思想方法和必要的应用技能。"如在"基本理念"中指出:"……帮助学生在自主探索与合作交流的过程中,真正理解和掌握基本的数学知识与技能、数学思想与方法,获得广泛的数学活动经验。"这里,实际上是在原有"双基"的基础上提出了"四基",即基础知识、基本技能、基本思想和基本活动经验。其中,数学思想方法首次被明确地列入学生的培养目标中。

### (二)数学思想方法是数学的灵魂

知识和技能是数学学习的基础(双基),而数学的思想方法则是数学的灵魂和精髓。掌握科学的数学思想方法对提升学生的思维品质,对数学学科的后继学习,对其他学科的学习,乃至对学生的终身发展都具有十分重要的意义。数学思想方法蕴含在数学知识形成、发展和应用的过程中,学生只有积极参与教学过程及独立思考,才能逐步感悟数学思想方法。学生学习数学的最终目的,是要运用所学到的数学知识去解决一些实际问题,要解决问题就要有一定的方式、方法、途径和手段,这就是策略。这种策略无不受到数学思想的影响和支配。而学生一旦掌握了解决问题的方式、方法,就可以促进数学思想的进一步形成和完善。可见,两者是既有联系又有区别的辩证统一体,数学思想指导着数学方法,数学方法是数学思想的具体表现,两者是相互依存、相互促进的。可以说,数学思想和方法是数学的灵魂,是创造能力的源泉,良好的数学思想和方法,可以使学生终身受益。

## 三、数学思想方法的渗透

在数学综合实践课中,教师可以将数学思想方法的训练同课堂教学内容相辅相成,并选择恰当的数学知识作为训练的载体,采用合适的方法进行培养。本文拟以人教版《数学》一年级下册"摆一摆,想一想"一课为例,结合教学设计,谈一谈如何在教学活动中培养学生的数学思想方法。

### (一)对"摆一摆,想一想"渗透目标的总体解读

"摆一摆,想一想"是人教版一年级下册数学教材中设置的"综合与实践活动"的课程内容。《义务教育数学课程标准(2011年版)》(以下简称《课程标准》)中明确提出:"综合与实践"的实施是以问题为载体、以学生自主参与为主的学习活动。它有别于学习具体知识的探索活动,更有别于课堂上教师的直接讲授。它是教师通过问题引领、学生全程参与、实践过程相对完整的学习活动。本次活动是在学生已经知道100以内的数的相关知识,掌握了10以内数的组成与分解,懂得数位与位值,知道同一个数字在不同的数位上所表示的意义与数值是不同的,而且学生是在前面的认知以及练习活动中,已初步感知排列与组合的活动等基础上进行的。活动是让学生通过对每组摆放的圆片进行观察,发现摆放的个数相同,但由于圆片所摆放的数位不同,感悟到其所表示的数也不同,能摆出的个数也不同,旨在加深学生对数位与数值含义的理解。这是经历对实践活动结果的观察、比较与归纳,发现其中所蕴含的排列规律,并应用规律进行抽象的逻辑推理、解决问题的活动。活动既培养学生的形象思维,发展学生的抽象思维及初步的归纳能力,又让学生在解决问题的数学活动过程中获得基本的活动经验。

## （二）对"摆一摆，想一想"渗透方法的具体解析

在具体的活动过程中，笔者设置了"学""试""探""用""疑"五个层次的活动内容。每个层次都将数学思想方法的训练目标隐含在数学知识与技能的教学和训练之中同步进行。

1."学"

首先以"一个圆片可以怎样摆"为内容进行操作实践活动。旨在让学生明确活动的要求，懂得如何用圆片在标有个位与十位的数位表上进行摆数操作。

2."试"

"试"是以教材提出的"你们能用2个圆片摆出不同的数吗？"，让学生独立进行尝试解决问题的实践活动。在该层次的实践活动中，放手让学生进行自主活动，学生可以先"摆一摆"再"想一想"，或者先"想一想"再"摆一摆"。但是教师必须要指导学生对摆出的每个数进行记录，培养学生的符号化意识，初步渗透符号化以及数形结合的数学思想，并为后面的实践活动提供操作基础。

3."探"

这一层次的活动是本次活动课的重点，笔者将本层次设计为五个环节层层递进，采用"摆"与"探"相结合，"猜想"与"验证"相结合，"独立"与"合作"相结合的形式进行。

第一个环节，以解决"小蜜蜂"提出的问题——"你们能用3个圆片摆出不同的数吗？你们发现了什么？"为目标，让学生独立进行操作实践与探索发现活动。要有意识地要求学生"把摆的结果按顺序记录下来"，培养学生的统计思维。

第二个环节，选择代表性作品组织全班性的交流展示活动。在交流展示时，不能只追求摆出了几个数与哪些数，一定要让学生说出摆的方

法。让学生从交流中对摆数方法进行比较，体会"有序"的意义，以达到"不重复，不遗漏"的要求，学会有序摆放的方法，从而培养学生的比较思维模式。

第三个环节，在上述活动的基础上，以"用4个圆片能摆出哪些数呢？请你写一写"为目标，要求学生抛开操作，利用有序思考的方法写出能摆出的所有数，这不仅有利于培养学生的抽象思想，还对学生数感的形成起到积极的作用。结合摆出的数以及数的个数，教师引导学生说出"你们发现了什么"，学生会发现"能摆出的数的个数都比圆片的个数多1"的规律和"摆出的两位数相加就是圆片的个数"的规律。这是一个发现、总结、归纳的过程，是对数学思想方法的训练。

第四个环节，组织学生对自己的猜想进行验证活动。活动内容是让学生用7个圆片来验证猜想，采用"猜想—操作—验证—总结"的方法解决问题，培养学生的模型思维。

4."用"

创设学生感兴趣的问题情境，通过"猜密码"的活动进一步巩固数位与数值的知识，运用发现的规律拓展问题。培养学生的抽象思维能力以及分析、推理和应用的能力，并获得基本的数学活动经验。

5."疑"

"10个圆片能摆出几个两位数？"这一活动看似是一个运用规律的过程，实则是一个完善规律的过程，是本节课的重要组成部分。通过引发认知冲突，启发学生操作验证，使学生发现规律的局限性。圆片不足10个时，规律成立；圆片等于10个或超过10个时，要将不符合要求的摆法从总数中去掉。通过这些操作，向学生呈现思维的灵活性，展现推理过程的严密性，并培养学生的创新精神。

## （三）顺应教学改革趋势，全面渗透数学思想和方法

为了提升学生的数学素质和能力，教师需要将数学思想和方法的渗透作为教学主题。通过主动迎合教学改革的内涵，摒弃不够科学、不够合理的教学方法，不断做好数学思想和方法渗透工作，从而在提升学生内化知识能力的同时，培养学生分析问题和解决问题的思维方式。

首先，教师应明确新课改要求，不断将新课改精神落实在日常教学中，通过理论教学、方法实践等教学方式进行有机结合，不断创新更加科学、合理的教学方案，从而在调动学生学习积极性的同时，培养学生乐于思考和总结的习惯，逐步优化学生的数学思维。

其次，教师应总结教学经验，反思数学思想与方法的渗透过程，从而在提升活动质量的同时提高学生的学习能力。

最后，教师应以培养学生数学思想和方法为根基，不断落实新课改教育精神，通过鼓励学生质疑问题，对学生进行更明确的思维引导，帮助学生在反思中总结，在学习中提升，从而更进一步地发展学生的数学思维品质。

总之，在小学数学教学中，如何渗透数学思想和方法已变得十分重要。由于数学是一门自然基础学科，其蕴含着丰富的知识内涵，为了提升学生的数学能力，提高学生的数学功底，教师必须迎合教学改革，转变教学思维，创新教学方法，给学生创设一个丰富多彩的数学环境，逐步提升学生的数学思想和运用能力。

## 参考文献

［1］徐竭.小学数学教学中渗透数学思想与方法探析［J］.教育革新，2020（7）.

[2]虞慧.数学思想方法：小学生数学学习的必要元素——核心素养培育的视角之下[J].数学教学通讯，2020（13）.

[3]陈雨.小学数学思想方法的梳理与分析[J].名师在线，2020（13）.

[4]李美云.实施"动"的策略，培养学生的分析推理与应用能力——以"摆一摆，想一想"为例[J].新教师，2013（11）.

[5]俞晴，丁国忠.一次"少年派的奇幻漂流"——在"摆一摆，想一想"中落实数学课程新理念[J].小学数学教师，2015（1）.

第二部分 教学论文

# 让阅读之花在低年级绚丽绽放
## ——浅谈小学低年级学生良好阅读习惯的培养策略

李欣华

**内容摘要**

小学低年级学生应养成良好的阅读习惯,这将为其语文素养的培养奠定基础,为其热爱阅读的一生开启成功的序幕。笔者结合自己的课题实践与探索,从四个方面简述低年级学生良好阅读习惯的培养策略:一是立足扎实高效的课内阅读,促使学生养成良好的课堂阅读习惯;二是进行持之以恒的课外阅读,指导学生养成良好的课外阅读习惯;三是开展丰富多彩的特色活动,巩固学生良好阅读习惯的养成;四是倡导营造家庭阅读氛围,强化学生良好阅读习惯的养成。

**关键词**

阅读习惯　课内阅读　课外阅读　阅读兴趣

阅读是人类获取知识极其重要的手段之一。一个人若能养成良好的阅读习惯,将会拥有获取知识的最佳渠道。《义务教育语文课程标准(2011年版)》明确指出:"培养学生广泛的阅读兴趣,扩大阅读面,增加阅读量。""九年课外阅读总量应在400万字以上。"无疑,小学阶段是养成良好阅读习惯的关键期,而一至二年级更是关键期的初始期。所以,小学生从低年级开始就形成良好的阅读习惯尤为重要,将为其语文素养的养成奠定基础,为其热爱阅读的一生开启成功的序幕。那么,作为一线教师,应通过哪些有效策略和途径来培养低年级学生的良好阅读习惯呢?笔者近两年的实践与探索,已初见成效,现归纳出以下四点。

## 一、立足扎实高效的课内阅读,促使学生养成良好的课堂阅读习惯

课堂教学是学生养成良好阅读习惯的主阵地,教师是学生养成良好阅读习惯的重要引导者。所以,语文老师在课堂上一定要利用有限的时间开展扎实高效的阅读教学,并着重于学生阅读习惯的培养。

### (一)培养正确的读书姿势

读书首先要有正确的姿势。在阅读时,我要求学生做到:双脚自然平放在地面上,与肩同宽。挺胸抬头,把书立起来,双手握住书的左下角和右下角,与桌面成直角并稍向外倾斜。眼睛离书本一尺远,读完后轻轻把书平放在桌上。或者选择另外一种姿势:直接把书平放在桌面上,把书摊平,两条胳膊平放在桌面上,读完一页后,右手轻轻翻到下一页。在我的课堂上,我每次都先提醒学生把姿势摆好,自查合格后方可读书。在这一过程中,我尽量给予积极的评价和鼓励。时间一久,孩子们做起来越来越习惯,渐渐成为自然而然的事情。阅读习惯的养成就是由一个个细节组成的,细节成就习惯。

### (二)激发学生阅读兴趣

在语文课上,我一直把激发学生的阅读兴趣放在首位。除了调动其阅读本课课文的兴趣外,我还用心寻找最恰当的联结点,力求把学生

第二部分 教学论文

的阅读兴趣延伸到课外，使课内阅读与课外阅读有效衔接。课堂上，当学生表现出高涨的阅读热情时，我会借势推荐学生去读一些符合低年级学生年龄与心理特点，兼具人文性和科学性的经典读物，由课堂阅读的"点"带动课外阅读的"面"。《日有所诵》大多是充满童趣、朗朗上口的儿歌、童谣，所以本班学生人手一本，每天早晨读、背一篇。此目的不在于背诵，而在于丰富儿童当下的学习生活，在于通过晨诵，既养成一种与黎明共舞的生活方式，又能习诵、领略优美的母语，感受古诗、儿歌所具有的魅力。

此外，课堂上我还适时教给孩子们基本的阅读技巧和方法。对于低年级，主要是训练学生正确朗读，培养学生"读完之后想一想""同学之间说一说"的习惯。

总之，课堂阅读教学对于培养学生良好的阅读习惯起着重要的引导作用。教师要利用各种方法点燃学生的阅读热情，并千方百计地保持学生的阅读兴趣，鼓励学生积极地向课外延伸，享受课后阅读的巨大乐趣，从而为学生走向课外阅读的广阔天地铺好路、搭好桥。

## 二、进行持之以恒的课外阅读，指导学生养成良好的课外阅读习惯

阅读不局限于课堂。大量的课外阅读是课堂教学的延伸，它为提高学生的阅读能力，培养学生良好的阅读习惯提供了实践的机会。它对于扩大学生视野，开阔学生的眼界，提升语文素养具有重要的意义。它与课内阅读一起为学生养成良好阅读习惯，提高阅读能力而并肩作战。那么，如何指导学生进行有效的课外阅读呢？

### （一）借助经典的魅力让学生爱上阅读

儿童的阅读，应该是自然的、自由自在的、不带任何功利的愉快的

精神之旅，所以在班级阅读时间，我让学生在班级"图书角"自主选择图书。当然，图书角的读物都是我精心选择的能吸引学生的经典读物。因为绘本图文结合的特点较为符合低年级学生的年龄和心理特点，所以班级图书角摆放了大量的绘本。孩子们一拿到爱读的书，就会迫不及待地读起来。在经典阅读中获得的快乐，投射到他们开心的脸上和明亮的眼睛里。快乐的体验将持久地激发学生课外阅读的热情，最终促使学生形成良好的课外阅读习惯。

### （二）读书卡片的妙用

课外阅读是否具有良好的效果还取决于采用的阅读方法是否正确。阅读方法有很多种，对于低年级学生来讲，最适宜的就是填写读书卡片了。我根据低年级学生的特点，设计了简洁、新颖、有趣的"小树叶""蝴蝶""心形"等读书卡片，用于指导学生的课外阅读。卡片上的内容包括书名、作者、主要人物、我的感受……我定期把卡片收上来，进行点评和批改，这是对学生课外阅读的一种有效反馈方式，对学生阅读习惯的养成起到了监督和调控作用，同时能了解学生阅读的进度与收获。

### （三）及时有效的指导

课外阅读虽然是学生的个性化行为，学生有阅读的自主权，但教师与家长有权利也有义务为其做相应的指导。在指导上，要做到严格与宽容相结合，对于学生在课外阅读中表现出的不良习惯要坚决制止，丝毫不留情面。只有在这样的监督与激励氛围中，课外阅读才能坚持下去，才能日见成效，最终养成习惯。但是，严厉的监督不代表剥夺学生的阅读体验与感受。在阅读时，教师和家长不能把自己的理解强加给学生，不要对学生的阅读理解加以指责，要尊重学生的阅读喜好与阅读感受，宽容地对待每个孩子不同水平与层次的阅读情况。

### 三、开展丰富多彩的特色活动，巩固学生良好阅读习惯的养成

课外阅读虽然是学生的个体行为，但是为了使学生保持课外阅读的兴趣，养成良好的阅读习惯，就需要有计划地组织读书展示、读书交流活动，以团体活动为契机，更好地反馈阅读的成果，更大限度地激励学生参与阅读的热情。同时，活动也会像一面镜子，反射出课外阅读出现的问题，教师随之进行有针对性的指导，能及时为学生扫清课外阅读中的障碍。

#### （一）巧用课前三分钟

我会不定期地在语文课前三分钟的时间里问问孩子们最近又读了什么有趣的书，说说读书体会。此活动无形中增加了学生对课外阅读的重视程度。相比于读书卡片的书面形式，此活动更能第一时间反馈阅读感受，生动地分享读书的快乐。教师参与其中，可及时对学生课外阅读的方法、态度及效果进行恰当的指导与点评，使学生更好地进行以后的阅读活动。同时，在教师的引领下，全班学生对共读的同一本书的聚焦，会再次激发学生的阅读热情。

#### （二）借力"阅读交流课"

"阅读交流课"是学生展示阅读成果的机会，教师要尽量发现学生阅读的进步及成绩，并积极鼓励，给予多种形式的表扬。在阅读交流课上，每个学生尽情发表自己的阅读感受，也会提出自己的疑惑，期待别人的帮助。除了分享阅读内容，教师更要引导大家分享自己的读书方法和良好的阅读习惯。对于在阅读中存在的问题也要以恰当的方式提出，为学

生提供有效的建议。但教师的阅读评价一定要依据客观事实，给出积极、有效的阅读评价，不能以主观判断为主导进行盲目、随意的猜测，那样会适得其反。读书交流课的目的在于让学生充分享受阅读的快乐，体验阅读的成就感，提高学生的阅读能力，最终促使学生养成良好的阅读习惯。

### （三）评选班级"读书明星"

结合学校的"五星学生"评比，本班每周开展"读书明星"评比活动。评比的目的在于评选出课外阅读习惯好、表现突出的孩子进行奖励和表彰，从而在班级营造良好的读书氛围。同时，评选优秀的读书卡片张贴在班级展板的"我爱阅读"专栏。这一活动的开展，极大地调动了孩子们的读书热情，一时之间，班级出现了争当"读书明星"、争上"我爱阅读"专栏的现象。每天的"午读"时间，在优美舒缓的音乐声中，孩子们那一张张兴味盎然的小脸，分明就是教室里一道美丽的风景线。

## 四、倡导营造家庭阅读氛围，强化学生良好阅读习惯的养成

父母要和教师一样做孩子阅读的榜样。因为只有喜爱阅读的家长，才会培养出喜爱阅读的孩子。所以我告诉家长无论多忙，每天都要读一会儿书或者和孩子一起读一本书。总之，要通过自己的行动向孩子传达一个有益的信息——阅读是快乐的，同时要努力做孩子最好的家庭阅读指导师。

### （一）亲子阅读

家长参与读书，有利于激发孩子读书的兴趣，有利于亲子关系的建立，有利于教师和家长更快、更充分地了解孩子的阅读状况。本班孩子

每天回家保障30分钟的课外阅读时间，采用由"扶"到"半扶"，最后到"放"的"亲子阅读"方式。在读书的过程中，家长关注孩子的阅读习惯，必要时加以提醒。鼓励孩子读完后与父母交流读书感受，有能力的家长还可以帮助孩子记录。家庭阅读的坚持，保证了课外阅读的持续性，学生的良好阅读习惯也在一步步得到强化。

### （二）创设良好的阅读环境

学生阅读习惯的养成离不开良好的阅读环境，所以家长要努力为孩子创设良好的阅读环境。为此，我利用家长会时间对家长进行专项培训，改变家长的读书理念；建议家长在家里设置书柜或家庭小书架、小书桌等，给孩子提供一个舒适、安静的读书环境。同时向家长推荐一些符合儿童特点的读物，鼓励家长参与学生必读书的购买活动；号召家长帮助和指导子女读书，努力建设"书香家庭"，为孩子营造浓厚的家庭读书气氛。阅读活动开展两年来，本班学生的家庭阅读环境日趋完善。

我一直认为，语文教师最主要的任务就是培养学生的阅读兴趣，让他们爱上阅读，为他们的成长打好精神底色。为此，我以农夫的心态在语文乐园播撒"阅读的种子"。我相信，只要我在这条路上走得踏实、坚定，在不经意间，阅读之花必定悄然绽放！

## 参考文献

［1］中华人民共和国教育部．义务教育语文课程标准（2011年版）．北京：北京师范大学出版社，2012．

［2］朱敬本．论阅读习惯的培养．宁夏教育，1995（4）.

［3］曹丽虹．低年级阅读三部曲．成才之路，2010（4）.

# 表演法在低学段古诗教学中的应用
## ——以《池上》为例

陈 晨

**内容提要**

　　古诗是传统文化的瑰宝。古诗学习贯穿整个义务教育阶段，是学生汲取中华民族优秀传统文化的重要途径。一年级是古诗学习的起步阶段，学生能够通过学习展开想象，获得初步的情感体验，感受语言的优美即可。教师需要极大地激发学生的兴趣。那么如何激发学生的兴趣并实现教学目标呢？这是新时期教师探讨的共同话题。而表演法最符合孩子的天性，有利于以生为本，打造新时代下寓教于乐的生本课堂。本文将以统编版一年级下册中的一首《池上》为例，探讨表演法在低学段古诗教学中的应用。

**关键词**

　　表演法　低学段　优势

　　十九大报告中提出："坚定文化自信，推动社会主义文化繁荣兴盛。"文化自信源于博大精深的优秀传统文化。《义务教育语文课程标准》总目标中也提到"认识中华文化的丰厚博大，吸收民族文化智慧"。古诗是传统文化的瑰宝。古诗学习贯穿整个义务教育阶段，是学生汲取中华民族优秀传统文化的重要途径。传统的古诗教学，侧重在"讲"字上下功夫，教师讲，学生听或记。对于低学段的学生来说，他们的认知效果不好，因此我们要重视新方法的探讨。而"古诗教学方法的选择要考虑古诗特点与学生的接受能力"[1]。所以在《池上》这首古诗的备课过程中，我在教学方法的选择上考虑了以下三点：

1. 是否符合古诗特点；
2. 是否符合低学段学生的接受能力；
3. 是否真的给孩子带来了真实的情感体验。

## 一、低学段古诗特点

"统编本"是由教育部直接组织编写的教材，强调经典性和文质兼美。选篇原则回到"守正"立场，大幅减少尚未沉淀的"时文"，文言篇目大幅增加。这一系列教材立足于新时代弘扬中华优秀传统文化的理念，大大增加了传统文化篇目，其中整个小学 6 年 12 册共选优秀古诗文 124 篇，占所有选篇的 30%，比原有人教版增加 55 篇，增幅达 80%，平均每年增加 20 篇左右。

《池上》是统编版一年级下册第六单元《古诗二首》的第一首古诗。首先研读古诗文本：

池上

【唐】白居易

小娃撑小艇，偷采白莲回。

不解藏踪迹，浮萍一道开。

---

1　张平仁：《古诗理论与小学古诗教学》，北京：人民教育出版社，2015。

《池上》这首诗秉承着白居易诗作通俗平易的叙事风格,用白描的手法勾勒小娃形象,其中有"撑""偷采""回"等动词,易于学生表演。诗中最传神的就是"不解藏踪迹,浮萍一道开"一句,写尽小童顽皮、纯真的情态。如何让学生体会到这句的精髓所在,是教学的难点。而在学生表演"回"的过程中,让学生直观观察"浮萍一道开"的画面,难点自然而然迎刃而解。其实,有关夏天采莲的古诗第一次出现是在部编版一年级上册——《江南》:

### 江南
汉乐府

江南可采莲,
莲叶何田田。
鱼戏莲叶间。
鱼戏莲叶东,
鱼戏莲叶西,
鱼戏莲叶南,
鱼戏莲叶北。

在《江南》一课中,最为传神的就是这个"戏",是采莲人戏水,也是小鱼儿嬉戏莲叶间。可以通过"戏"这一动作,让学生想象自己就是游戏莲叶间的小鱼儿,边做动作边诵古诗,感受采莲人的愉悦。

其实不仅仅是这两首古诗,低学段古诗都浅显易懂,朗朗上口,有利于学生诵读。此外,诗中多物象及动词,画面感极强,有利于学生展开想象。除此之外,统编版教材中的插图为水墨画,诗画对应,既给予学生中华传统文化的熏陶,又有利于图文结合了解诗句内容。这些都是学生进行合理表演的有利条件。

## 二、低学段学生的接受能力

一年级、二年级是古诗学习的起步阶段,《义务教育语文课程标准》中对本学段诗歌学习的要求是"诵读浅近的古诗,展开想象,获得初步的情感体验,感受语言的优美"。从学段要求可以看出,此学段的古诗学习不要求学生逐字逐句地剖析古诗,能够大致了解古诗大意即可,这是因为低学段的学生接受能力有限。

首先,学生识字量少,作为刚刚步入学校开始学习的学生来说,识字写字才是重点,而古诗是学生识字写字的媒介,教学上还要以识字写字为主,学生掌握了字的音、形、义,才能更好地理解古诗。

其次,学生的认知水平有限,对于六七岁的孩子来说,他们还没有认识大千世界,生活经验匮乏,无法理解抽象的、历史中的词语,如《池上》一课中的"踪迹""浮萍"等词语,教学中还是直观认知最为有效。所以在教学中我让一个孩子扮演小娃,撑船回家,其他孩子扮演浮萍,船过留痕,学生可以直观地看到"浮萍一道开"的画面,也就了解了"踪迹"的含义。

除此之外,低学段学生的注意力是有限的,仅有20分钟,如何吸引学生的注意力也是困扰低学段教师的难题。在本区的教学推广中,开始倡导低学段的课中操,也就是在学生开始分散注意力的时候,结合所教内容,让学生动一动,让学生放松放松,为后半段课再次集中注意力起到承接作用,而表演也有异曲同工之妙。

## 三、表演法的定义及应用

表演法其实是情境教学的一个分支,是指在教学过程中,教师有目的地引入或创设具有一定情绪色彩的、以形象为主体的生动具体的场景,以引发学生一定的态度体验,从而帮助学生理解教材,并能使学生的心理机能得到发展的教学方法。[1]

表演有两种方式，一是进入角色，二是扮演角色。"进入角色"即"假如我是课文中的××"；扮演角色，则是担当课文中的某一角色，进行表演。由于学生自己进入、扮演角色，课文中的角色不再是在书本上，而是自己或自己班级中的同学，这样，学生对课文中的角色必然产生亲切感，很自然地加深了内心体验。

在《池上》一课中，我设计以下环节，引导学生通过表演的方式来突破难点。

1. 演绎"采"白莲，感悟小孩的顽皮：学生想象自己就是小娃，来演绎采白莲（指名演绎）。

预设：

生1，挺直腰板大大方方地采。（这个瞒着家长出来玩的小娃是这样采的，有没有不同演法的？）

生2，弯着腰轻轻地、遮掩着采。（追问：孩子你为什么这样子采莲呢？）

引出"偷采白莲回"（演示文稿出示诗句，板书：偷采）。

2. 演绎"偷采"白莲：根据学生回答，引出"偷采"再让学生体验。

3. 以读促悟：边读边演，感受小娃的人物形象。

4. 演绎"回"：创设小娃回家的情景，让学生扮演小娃，班中部分学生利用道具扮演"浮萍"。

（1）认识"浮萍"，这种植物漂浮在水面，紧紧连在一起（学生将道具举好）；

（2）直观认识"浮萍一道开"，学生表演时拨开了道具"浮萍"；

（3）认识"踪迹"，通过观察字形并结合刚刚的表演；

（4）对比学生表演，感悟小娃形象（出示图片）。

---

[1] 郑金洲：《教学方法应用指导》，上海：华东师范大学出版社，2006。

从教学设计上来看，通过学生对"撑""采"到"偷采"，到"回"的演绎，解决学生对"踪迹""浮萍"等词的认知问题，并逐步切身体验小娃的人物性格。在教学过程中，学生也通过表演达到了目标，初知古诗大意，且极大地调动了学生的积极性。可见表演法在低学段古诗教学中的可行性。

## 四、表演法的作用

回顾《池上》的教学过程，有以下两个特点。

第一，激趣为先，以生为本。爱模仿、表演是孩子的天性，通过表演可以激发他们学习古诗及参与课堂的积极性，让他们感到有趣活泼，打破传统的"讲—听"模式，并借此机会培养学生的想象力和创造力，极大激发学生的学习兴趣与学习潜力，打造生本课堂。

第二，方法为重，教为不教。引导学生想象画面进行表演，通过联系生活实际等方式理解诗文含义，注意表演法的积累使用。

从中可看出表演法对古诗教学的作用。

### （一）培养创造力

培养富有创造精神和创造力的人才是当前教育的主要任务之一。小学语文教材增加的大量古诗，对活泼好动的一年级学生来说是一个挑战。传统的教学法极有可能造成沉闷的气氛，使学生丧失学习的兴趣。运用表演教学法，把书面语言演化为肢体语言，让学生根据自己的理解去演绎古诗，探索古诗中所蕴含的情节，体会诗中的人物性格，可以充分发挥学生的主动性，调动学生的积极性，激发学生学习古诗的激情。有了激情就有了积累的保证，有了创造的动力。

## （二）培养学习能力

### 1. 培养自学能力

表演的前提是对古诗有一定的认识，并且抓住诗中可以演绎的动词和情节。长此以往，学生慢慢地在自读古诗的时候就会迁移运用，学会自学古诗，自行感受古诗的诗情与诗境。

### 2. 培养想象力

古诗最大的特色就是简洁，省略的内容比较多，表演时就需要发挥想象力，把省略的情节增添进去。就像《池上》中对"回"的演绎，及《寻隐者不遇》中对贾岛问话的想象，这不但锻炼了学生的想象力，而且有助于学生对人物性格的挖掘。

### 3. 培养学生的表演能力

现在很多学生喜欢表演，可以抓住学生的需求，抓住学生的心理，让有表演欲望的学生去表演，在表演中了解古诗的意思，感受古诗的语言美。

综上所述，新时期对于古诗教学，作为教师的我们要与时俱进，充分认识表演法在低学段古诗教学中的优势，并合理运用，真正实现生本课堂，为学生拥有自主学习古诗的意识与能力打下基础。

## 参考文献

［1］张平仁.古诗理论与小学古诗教学［M］.北京：人民教育出版社，2015.

［2］郑金洲.教学方法应用指导［M］.上海：华东师范大学出版社，2006.

［3］陈秀娟.表演教学法在文言文教学中的运用［J］.《课外语文·教研版》，2014（6）.

第二部分 教学论文

# 关于小学语文课改新思考

许 欣

**内容提要**

实施小学语文新课改应当根据教学的实际目标,实现学生语言表达能力与理解能力的提高;应当抓住语文课程的特点,启发学生积极学习和自主学习,实现学生自主思考能力与创新能力的培养。运用多媒体教学,化解教学难点。把文字生动化,把情感共鸣化,把抽象具体化。引导学生积极主动地参与、研究,培养学生实际处理问题的能力,包括搜集处理信息的能力、分析与解决问题的能力等,真正提高小学语文教学实效,培养学生的语文学习兴趣,使学生在语文学习中有更多的收获。

**关键词**

提质增效 解决策略 因材施教

实施小学语文新课改应当根据教学的实际目标,实现学生语言表达能力与理解能力的提高;应当抓住语文课程的特点,启发学生积极学习和自主学习,实现学生自主思考能力与创新能力的培养。

## 一、教师的教学主导性以及学生的学习主体性

首先，教师在教学过程中应当引导学生的学习积极主动性，提高学生的学习主体地位。语文这门学科有着非常强的实践性，学生语文素养的提高需要借助自身的语文实践。并且，语文学习的过程中充满个性化，不需要通过教师的讲解取代学生的学习实践。为此，在小学语文教学中，教师要让学生具备充足的看书、写字、交流、思考的空间与时间，注重班级所有学生的参与性。学生的自主学习需要具备条件，这就需要教师引导学生自身的创造性和积极主动性，充当引导者、组织者。教师要想方设法调动学生的学习兴趣，让学生对语文学习充满热情，使学生感受到成功的快乐，激发学生的语文学习自信心；在教学中指导学生掌握语文学习的方法。在学生具备了学习兴趣和学习的自信心后，可以有效地贯彻实施自主学习。除此之外，教师在教学中应当体现自身的主导性，让学生在自读自悟的前提下得以发展和提升，进而提高小组合作学习的有效性。需要注意的是，以教师为中心转变为学生的自主学习，最根本的是在学生自主、合作、探究过程中，教师因材施教。

## 二、在灵活应用教材文本的同时适当地引用其他教学资源

在之前的小学语文教学中，教师常常视教材为经典，照本宣科，不会且不能调整教材内容和增删教材知识。这样以教材为中心的教学模式会造成教学知识的狭窄和缺乏。而新的教材观提出，教师不应当仅仅教好教材，也应当用好教材，即灵活地应用教材，教师应能够结合教学的要求适当地增删和调整教材内容。当然，教师需要明确的是，语文教材依旧是最为基础的教学资源。语文教材体现了新课改的标准，是提高学生语文素养的关键依据，务必有效地应用语文教材。

教师应采取多种多样的能充分体现学生自主学习、自助实践的教学形式，如课外找错别字、病句交流与展示、语文知识擂台赛、故事会等。

语文课堂教学也要突出重点，营造亮点。突出重点就是明确教学目标和教学任务的轻重主次，营造亮点就是找到疑问的聚焦点、思维的交汇点、教学的创新点。教师应引导学生更好地在课堂活动中学习到更多的知识，提高学习质量，增强学习的有效性。

### 三、利用多媒体教学，开发课堂资源

知识源于生活，语文教学更是生活的真实写照。一篇课文如果不能紧密地结合生活，那么这篇课文的内涵就难以被挖掘，学生就不能学到课文的精髓。在传统教育模式中，因条件的制约，教师往往无法在有限的时间内将无限的课外资源引入课堂之中。而多媒体技术的运用可以突破传统教学难以逾越的时间与空间的限制，将丰富的课外资源引入课堂教学，从而打破教材的封闭空间，有效开发课堂资源。

一是运用多媒体教学，化解教学难点。如何把文字生动化、把情感共鸣化、把抽象具体化，一直都是语文教学的难点。有经验的教师在教学中会利用多媒体教学手段把课文变得浅显易懂，用简单的方式揭示深刻的道理，让学生跨越时间和空间认识去理解课文。从教学效果来说，教师利用多媒体教学手段，能突破教学难点。教师通过声音、图像、文字、色彩、音乐等对课文进行深入浅出的诠释，使学生身临其境，让学生不仅可以接受课文知识，而且可以从学习中获得清晰明快的感受。教师利用多媒体教学进行课文讲解，学生更容易理解课文的内在含义，从而收到很好的教学效果。

二是善用多媒体教学，拓宽学生思维。教育深层次的意义在于发现学生的创造潜力，启迪学生的创造性思维，培养学生的创造精神。小学生的思维正在由具体形象思维向抽象思维过渡，在这一过程中，教师的教学方式显得更重要。教师要善于运用多媒体等信息化技术，将图像、声音、文字等各种直观形象的教学素材集于一体，形象地展示给学生，让学生完成从具体形象思维到抽象思维的转化，从而引导学生自主思考，

放飞学生想象的翅膀。信息化技术有助于培养小学生的审美能力和想象能力，有利于他们得到美的享受。

## 四、逐步使学生转变学习方式

促进每一位学生的发展是本次课改的核心理念之一，转变学生的学习方式是本次课改的重要任务之一。鼓励学生从自己的视角出发，用自己喜欢的方式进行学习，让学生在读中学、做中学、听中学，在思考中学习、游戏中学习、合作中学习，从而获得学习的乐趣与全面和谐的发展。教师在讲课时经常会发现：一个问题，学生可以有几种甚至十几种不同的解答思路和观点；围绕一篇课文或一个主题，学生会搜集到各种各样的相关资料。语文教学内容涉及广泛，有的内容并不是通过课堂上教师的讲解和学生的探究能够了解到的。因此，教师必须根据教材内容，引导、鼓励、有目的地布置学生查阅资料。教师要突破"课堂教学就是在教室里上课"的传统观念，让学生学习活动的空间不再局限于教室，而是拓展到生活和社会的各个领域，学生学习活动的对象也不限于有字的教科书，而是要延伸至整个自然界和社会这部"活"的无字书。

课改同时提出了学生应积极主动地参与，意在培养学生实际处理问题的能力，包括搜集处理信息的能力、分析与解决问题的能力，等等。因此，改变学生的学习方式是提高学生综合素质的首要条件。改变学生的学习方式，必须先了解学生学习的过程与方法。课改要求新的教学理念下应做到教师少讲，学生多学，把学习主动权更多地交给学生，让学生通过自主钻研，发现问题、解决问题。学生是学习的主体，学生被赋予了更多的自由和权利：独立思考，个性化理解，自由表达，学生的语文素养也会因此有较大的提高，交流和表达能力也会同时提高。

那教师如何培养学生形成自主探究的正确学习方式呢？首先，在日常教学活动中，教师应努力创设环境，让学生参与到自主学习中来。教师应为学生营造轻松、愉悦的学习氛围，让学生在身心舒适的环境中学习；教师应转变观念，改变以往知识传递的方式。其次，在课堂上，在学生学习过程中，只要有问题，随时提出，教师指引学生研究，引导学生自主解决问题，师生平等对话，而学生间则相互交流、沟通，人人都全身心地投入，都是学习的主人。再次，教师应发掘学习内容的魅力，培养学生对学习的兴趣。学习最好的老师就是兴趣，学生有了学习兴趣，才会更好地自主学习。最后，在教学活动中，教师应给每个学生展示自我的机会，表扬进步较大的学生，让学生为自身努力得到肯定而骄傲，让每个学生都能获得成功的喜悦。

## 五、培养学生的语文素养与创新能力

小学语文新课改的目的是提高学生的语文素养和全面发展，而语文能力是语文素养的中心环节。为此，在小学语文教学中，教师务必在涵盖语文基础知识、阅读、写作、语言交际、学习习惯、学习方法等方面，夯实学生的基础，持续进行并确保扎实有效。与此同时，教师应当重视学生创新能力的培养。之前的语文教学模式往往不重视学生的创新能力。那么如今，如何在小学语文教学中培养学生的创新能力、想象能力和自主思考能力呢？例如，在识字教学中提高学生分析字形的能力；在阅读教学中提高学生的想象力；在作文教学中启发学生认真观察、仔细分析，激励学生发现亮点，倡导个性化写作；在小组合作学习中激励学生发表自身的观点，而非人云亦云；等等。

总之，在深入贯彻实施新课改的背景下，小学语文教学急需改革。鉴于此，小学语文教师应当把握新课改的内涵，注重积累教学经验，积极完善自身教学的不足之处，开拓小学语文教学的新局面，深入领会新课改精神，根据小学语文教学实际、学生学情做出相应的改变，在教学方式的改变上把握好尺度，以真正提高小学语文教学实效、培养学生的语文学习兴趣、使学生在语文学习中有更多的收获为目标，打造优质高效的小学语文教学课堂。

# 有效运用课堂动态生成资源,提高小学英语课堂实效性

伊彩文

## 内容提要

课堂的精彩之处往往来自教师在精彩预设基础上的绝妙"生成"。本文笔者从三个方面来阐述动态生成资源在小学英语课堂中的运用的重要性,并提出小学英语教师要有动态生成教学资源的理念,善于捕捉和有效利用课堂生成的资源,机智利用教学过程中生成的教学资源,从而提高课堂教学的实效性。

## 关键词

动态生成资源　英语教学　实效性

课堂动态生成资源是指教师与学生、学生与学生在一定的情境中,围绕多元目标,在开展合作、对话、探究的课堂教学中,即时生成的、超出教师预设方案的新问题、新情况。

在以往的课堂教学实践中,我们的教学活动比较偏重于教师"教"的预设部分,忽略了学生"学"的生成部分,整堂课围绕教师既定的教学目标和教学过程来实施,一堂课下来貌似教师达成了教学目标,但大

多数时候，在课堂中对于学生突发的问题，很多教师要么采用规避的方法，要么掌握学生的话语权，把学生在课堂中萌发的学习"火花"熄灭在萌芽状态，导致在以后的课堂中，思维活跃的学生不愿提出问题，更不用说在课堂上动脑思考了。因而，笔者在教学实践中，尝试耐心倾听学生在课堂上提出的问题，在师生平等的交流中，用心处理学生的"意外提问"，从而使课堂在精心预设的基础上动态生成精彩，既达成教学目标，也有效地捕捉到课堂生成的教育资源并加以有效利用和创新。

## 一、如何有效把握课堂生成资源

面对生成性资源，如何有效地把握，很值得我们去研究。在平时的教学实践中，笔者主要从以下三个方面入手。

### （一）善于选择可利用的生成资源

教学中教师要根据实际情况，细心发现可利用的生成资源，机智地生成新的教学方案，使教学富有灵性，彰显智慧，帮助学生营造更大的发展空间。

例如，在学习北京版《小学英语一年级上册》时，练习节日问候语"Happy Chinese New Year! The same to you."时，笔者只是介绍了一下中国的新年问候语，告诉学生中国的春节就要到了，我们要给长辈、同伴、朋友拜年或者他人给我们拜年时应该怎样用英语问候，大多数学生就能够按照教师的要求去练习对话并表演。在大家进行小组活动时，突然传来声音："中国的新年这样问候，那么外国人也这样问候吗？外国人也过春节吗？也有压岁钱吗？……"在备课时，我没有考虑这些问题，因而也没有充分准备课件。刚开始我愣了一下，怎样给孩子们解释？用中文吗？不行，这是英语课，应该说英语。于是，我利用教室里的网络资源，以网页图片和视频的形式解答了这一系列问题，学生们很快地安静下来，也明白了两者的区别。笔者抓住这样一个契机,运用灵活的教学模式,巧妙地利用这一动态教学资源,既教给了学生英文知识,又为学生进行了中西文化知识的对比,是动态生成教学资源的典型案例。

## (二)善于择时引导生成资源

在课堂教学中,教师对学生临时生成的问题,不应立即给予肯定或否定的评判,而应以鼓励的行为方式和语言,让学生畅所欲言,然后选择一个恰当的时机说出相对正确的见解和主张。

例如,在北京版《小学英语一年级下册》中,教材内容涉及字母和儿歌的学习。对于一年级的学生来说,刚刚学习完汉语拼音,现在学习英语字母和儿歌,学习难度较大。因此,笔者在教学生学习字母书写时,充分利用美术课的橡皮泥这一教学资源,在实物投影上示范制作字母,并引导学生观察字母的正确书写,不仅调动了学生的学习积极性,也培养了学生的自主学习能力、观察能力和动手能力。在学生熟悉了字母的规范写法和形状后,笔者不失时机地引导学生说出首字母是当堂所学字母的单词,发散了学生的思维,也达到了温故而知新的教学目的,适时地捕捉并有效利用课堂生成资源,为课堂添彩。

## (三)呵护学生兴趣,有效留白,生成资源

例如,在学习北京版《小学英语一年级下册》Unit Four Lesson 14时,本课时的教学内容是学习句型 How many birds can you see? I can see six. 笔者准备了小鸟、星星的演示文稿,逐一播放给学生,笔者提问,学生回答。按照笔者的预设,学生们能够认读对话,并分角色表演对话。突然,一只小手举起:"我这里有两幅画,可不可以问问大家,让大家来回答啊?"我接过这两幅画,看了看,上面有九只小鸟和十颗五角星。本课的对话只要求学生说到数字七,后面的数字以后再学。这个孩子的善

意建议，打断了我的教学。于是，我顺水推舟，激发学生的兴趣，提出"How many stars can you see?"等问题，进一步扩展其他数字的学习。可谓"一石激起千层浪"，课堂气氛进一步活跃，学生们开始小组活动，利用身边的学习用品进行问答练习，收到了满意的教学效果。给学生自主创造的时间和空间，呵护了学生的兴趣，生成了有效的教育资源，创造性地激发了学生的智慧灵感，可谓是一举多得。这样的课堂，比教师反复地讲解更有效。

## 二、备课中的要点

基于以上的教学实践分析，笔者结合实际情况，充分认识到生成性教学资源在课堂中的重要性。因而，在今后的备课中，笔者要做到以下两点。

### （一）充分预设，给生成留出可能

教师在教学设计时，要吃透教材，了解学生，备课时要预想更多的可能，充分考虑会出现哪些情况，每种情况怎样处理，再做出相应的教学安排。这样有利于教师在课上发现学生提出的有价值的问题，适时捕捉学生的瞬间信息，体验教学的乐趣，使自己能够轻松地解决课上可能出现的各种问题。

### （二）备课要有弹性，给生成留出空间

只有弹性的教学设计才能走进学生的内心世界。我们在预设时不妨开放一些，为课堂生成留出足够的空间。在进行教学设计时，可以在教学过程的旁边增加一栏，预设可能出现的问题与应对的策略，或者设计几个活动板块，根据教学需要随时穿插、变化。

例如，在进行北师大版《小学英语五年级上册》Unit 4 Mocky's

birthday 这课的故事教学时，要求学生能够简单复述故事内容，并能用"When's your birthday? It's on /in...."来询问同学的生日，活跃课堂气氛。但按照预设，我提问的最后一个问题是"When's your mother's birthday？"当时教室里异常安静，很多孩子面面相觑，一个个都低下头去。在这异样的安静中，我相信孩子们已经意识到了自己的粗心和错误。于是，我调整了本课的家庭作业：请同学们回家填一个调查表格"When is your mother's birthday? When is your father's birthday? When are your grandparents' birthdays？"第二天，课堂上，孩子们个个踊跃发言，还说出了要送长辈什么生日礼物，他们的表述精彩纷呈。

富兰克林有句名言："垃圾是放错了地方的宝贝。"面对学生不知道自己父母生日的情景，我没有说教，而是抓住契机，及时调整了作业的内容，这样既能让学生用英语表达，又能促进学生与家人的沟通。这样的处理，让教学灵动起来，创造了精彩。

总之，我作为一名英语教师，在今后的英语教学过程中，要充分运用动态生成教育资源的理念，在备课过程和教学过程中，捕捉和有效利用课堂生成的资源，使课堂在精心预设的基础之上更加精彩！

## 参考文献

[1] 徐敏.小学教学研究教学版（南昌）[J].2013（10）.

[2] 朱志平.课堂动态生成资源论[M].北京：高等教育出版社，2008.

[3] 义务教育教科书英语一年级下册[M].北京：北京出版社，2013.

[4] 北京市义务教育课程改革实验教材英语五年级上学期[M].北京：北京师范大学出版社，2006.

第二部分 教学论文

# 浅谈低段小学科学课堂中激发学生学习兴趣的方法与策略

徐 鹤

**内容摘要**

兴趣是学生学习的动力,是引领学生进入知识大门的向导。通过对学生学习兴趣的培养,不仅能使他们喜欢上科学课,能让他们获取科学知识,更重要的是兴趣可以推动孩子们自觉地去观察、去实践、去思考,可以培养学生自主学习的能力。因此,教师在课堂中要运用有效的方法充分激发学生的学习兴趣,从而让学生真正地成为课堂的小主人。

**关键词**

科学 学习兴趣 反思改进

《新版小学科学课程标准》中,关于科学态度的总目标包含有"对自然现象保持好奇心和探究热情,乐于参加观察、实验、制作、调查等科学活动,并能在活动中克服困难,完成预定的任务"。针对一至二年级的目标则为"能在好奇心的驱使下,对常见的动植物和物质的外在特征、生活中的科学现象、自然现象表现出探究兴趣"。

在我看来,正如课标所讲,要学好科学课,一定要多观察、多实践、多思考，而推动孩子们去观察、实践、思考的主要动力，则一定是兴趣。特别是一年级学生，原本就处于好奇心重、缺乏耐心的年龄段，让他们在课堂上玩得开心，发现问题，从而激发他们的求知欲、探索欲、创新欲，让他们主动探索解决玩中困惑的问题，对学习科学产生兴趣，学生才能主动地获取知识，自觉地训练技能，熟练掌握获取知识的过程与方法，达到教学的目的。那么科学教师如何才能在短短的几十分钟内，激发并保持学生的学习兴趣呢？

## 一、反思课堂，发现问题

以《改进纸飞机》一课为例，我在某次活动中看到，授课教师在教室中预先分区域设置了跑道，一上课，学生每人按图纸制作完成后，老师示范放飞的动作要领，讲清试飞时的规则纪律，让学生分组依次排队练习，最后进行讨论和改进。对比思考自己以往的教学，我发现，在教学过程中我与这位老师有许多相同之处，总是顾虑学生年龄较小，在活动过程中可能会发生混乱，想要让孩子按部就班完成活动，并且总是希望学生来模仿我的动作以达到教会他们动作要领的目的。结果，在课堂中，学生在制作时总是迫不及待想要放飞纸飞机，兴趣非常浓厚，但随着课程推进，虽然教学目标一步步达成，但是学生的兴趣却有所减弱。

## 二、引入策略，改进课堂

在新课标的指引下，我发现问题后，针对怎样才能激发学生学习科学的兴趣，主要采用了以下两个策略对本课进行了修改。

### （一）以"奇"取胜，引入课题

上课时，我拿着预先准备好的几种飞不远的纸飞机走进教室，然后抛出纸飞机，孩子们看到很高兴，在下面七嘴八舌，有几个调皮的甚至捡起飞机抛了出去。此时,我在前面快速地按书中折法折好一架新飞机,并高高地抛向空中,说道:"看!新型纸飞机!"新飞机在刚刚几架失败案例的衬托下,飞得又高又远,教室中响起"哇啊"的惊叹声。"老师,为什么新飞机飞得那么远?"听到问题,我在黑板上边写课题边说:"这就是我们要探究的内容……"

这个引入设计,就是以"奇"吸引学生,"奇"其实就是出乎意料的意思,用孩子们意想不到的事情来引入课题,这种新的刺激与原有认知之间的极大反差引起了他们的高度兴奋,从而产生怀疑和释疑的强烈兴趣。

### (二)榜样引导,相互影响

在引入环节后,孩子们根据制作图进行了小组讨论并完成制作,以及第一次操场自由试飞活动。为了解决"怎样才能让纸飞机飞得更高更远"的问题,我问:在刚才的试飞中,你发现自己飞机最大的优点是什么?

(飞得高,飞得快,飞得远……)

我追问:谁的飞机在试飞时每次都飞得又高又远?

(几位同学举起手来。)

1. 请这几位同学来比一比,留下他们当中飞得又高又远的 2 到 3 名同学,让其他孩子找一找,他们在抛纸飞机时的动作有哪些共同点?

(向远处抛,不能向地上扔,不用非常用力……)

2. 请同学们观察这 2 到 3 名同学的飞机,在制作上,有哪些共同优点?

(折痕整齐、纸张平整、折得漂亮……)

我在孩子们当中寻找小榜样,引发学生在讨论和改进过程中相互比较、学习和模仿的积极性,利用对榜样的趋同心理来激发学生的学习兴趣。

### （三）认真观察，发现秘密

"观察"是农夫手中的镐、猎人射出的箭、渔民撒出的网，是智慧的源泉。学生获取知识的途径离不开观察，所以教师要引导学生在观察中提高学习兴趣，在探索一个科学原理前要明白为什么要探索，想要得到的结果是什么，如此，教师留给学生的时间才是有效的。

我让同学们去观察飞得远的纸飞机，学生不仅能够看到纸飞机的样子，还能在对比中发现自己飞机的不足。学生在有趣的观察中体会到发现的乐趣，通过对问题进行观察，使学生对事物的感知能力越来越强。

## 三、多种策略，共同作用

除了"以奇取胜""榜样引导""认真观察"三种策略外，我平时常用的激发学生学习兴趣的策略还有下面两种。

### （一）联系生活，学以致用

学习的主要目的是应用所学知识到现实生活中解决实际问题，学以致用。教师要善于引导学生把学到的知识点应用到日常生活中。例如《热空气向上升》一课中，由热空气引出家中装修暖气安装在什么高度的问题，让学生思考回答，从而让学生知道，从日常生活中也能发现更多的科学原理。也可以让学生列举生活中存在的科学原理，激发学生的学习积极性。

### （二）设置悬念，引发思考

教师在课堂上激发学生学习兴趣的同时，为了将学习带入生活，可以在课堂上为学生设下悬念，激发学生到课外去完成，将内容延伸到课下。例如，在上《认识蜗牛》一课时，学生在课堂上认识了"小蜗牛"这个新朋友。一个学生提到"我很喜欢小蜗牛，经常在雨后的花坛中见到它"。我及时抓住这一信息，鼓励学生，让他们课下去观察，找一找有哪些地方容易找到蜗牛。同学们对这个课下活动都很感兴趣。这样不仅可以激发并保持学生的科学兴趣，还可以将学生学习科学的兴趣从课内延伸到课外。

总而言之，兴趣是孩子们最好的老师。以上是我个人的一点经验总结，我知道培养孩子科学兴趣的方法是多种多样的，我所总结的方法只是冰山一角，还有更多的方法，在以后的教学中有待我们去发现、去探索、去尝试。子曰：知之者不如好之者，好之者不如乐之者。因此，教师要有意识地激发和培养学生学习科学的兴趣，让学生能够自主地学习，这样不仅有利于知识的掌握、能力的培养，还能够全面提高学生的核心素养。

## 参考文献

[1] 李凤霞. 如何培养学生学习兴趣 [J]. 中国教育技术装备, 2009 (19).

[2] 黄常辉. 小学科学教学中如何培养学生的探究意识 [J]. 课程教育研究, 2014 (16).

# 善歌者使人继其声,善教者使人继其志
## ——探索对听障儿童的音乐教育

田 耕

**内容提要**

在音乐课堂教学中,教师应善于把握学生的兴趣所在,使学生保持良好的心境、饱满的学习热情,积极创设情境,增强课堂教学的趣味性、灵活性,提供机会引导学生自觉主动地学习音乐,让音乐教学在学生心灵美化、品质培养、情操陶冶、智力开发和推动社会主义精神文明建设中发挥应有的作用。

**主题词**

培养兴趣 教师魅力

音乐教育是历史最悠久的文化教育之一。我国奴隶社会的学科课程"六艺"中包括"礼、乐、射、御、书、数",华夏礼仪之邦,学校教育自然"礼"字当先,而紧随其后的,便是音乐教育。在古代欧洲,最有代表性的奴隶社会教育——雅典教育的内容,同样把音乐教育放在了仅次于文法的重要地位。由此可见,"通音律"是古今中外都承认的个人自身良好素质修养的体现。因此,音乐教育作为美育的一部分,在基础教

第二部分 教学论文

育体系中有着不可替代的重要身份和地位。

《音乐课程改革的意义及其背景》中指出:"音乐课程作为基础教育的组成部分和必修学科,多年来在取得长足发展的同时,也存在着诸多不适应时代发展的问题。音乐课程是整个基础教育中的薄弱环节,其没有得到根本性的改变,离素质教育的要求还有一定的距离,难以跟上21世纪社会经济和教育发展的步伐。因此,在音乐教育面临发展机遇和严峻挑战的今天,如何加强音乐教育自身建设,完善音乐课程体系,推进美育的发展,已成为摆在音乐教育工作者面前的一个十分重要紧迫的课题。"这段话确实说出了长期以来音乐教学所面临的问题。

由于历史的一些原因导致了曾经的小学音乐教育只注重音乐知识技能的传授与训练,而忽视学生在音乐方面可持续发展的决定性因素——音乐兴趣爱好的培养。这种误区必然导致在音乐教育教学实践中,音乐课程审美性、艺术性的严重丧失。笔者从学校毕业不久,在学校经历的音乐课尚历历在目。我深知,从小到大支持我在音乐上发愤努力的是对这门艺术无与伦比的热爱。因此,当我走上教师岗位之时,培养学生的兴趣、提高其积极性便成了我努力的方向。

## 一、用自身魅力感染学生

世界最早的教育学专著《学记》有言:"善歌者,使人继其声;善教者,使人继其志。"让学生自觉而积极地学习是我最大的目标。但作为刚刚入职的音乐教师,要成为一名"善教者",要走的路太长了。冰冻三尺非一日之寒,而那一众渴望知识浇灌的学生又岂能等我到那一天!好在唱歌教学是小学音乐教学的最主要内容,既然不能立刻成为"善教者",那就扬我所长,先做一名"善歌者",让学生继吾之声吧!

北京市小学唱歌教学的总目标是:通过六年的唱歌教学,使小学生不仅会唱歌,而且爱唱歌。这一情感态度目标为我在音乐教学上的实施起到了重要的导向作用。

想让学生喜欢唱歌，先要让他们感受到歌者的美好。于是我拿起曾经在舞台上给观众带去无数欢乐的吉他，在课堂上为学生表演弹唱——这种形式的表演常见于晚会的舞台上、电视的节目中，而鲜见于小学音乐课堂。孩子们对此表现出了极大的兴趣，在把热烈的掌声送给我的同时，其幼小的心灵里也埋下了渴望演唱、渴望表现的种子。我顺水推舟，向所有学生承诺：每当我们学好一首歌的时候，我就拿着吉他坐到学生中间，和大家一起表演这个作品。这对于听惯了钢琴和录音伴奏的孩子而言，是一种新鲜而令人兴奋的奖励，促使他们在学习唱歌的过程中，聆听并认真执行老师的要求，积极地练习，为唱好歌曲、提高自己的演唱水平做出自觉而顽强的努力。

小学生有向师性，喜欢一门课多是从喜欢这门课的任课教师开始的。当一名教师的魅力足以打动他的学生时，他们会产生强烈的为达到教师的水平而努力学习的愿望。更让学生求之不得的，是与教师一起完成那些曾为教师的魅力值加分的活动。把这样的活动作为奖励，能够形成学生学习的附属内驱力。在这种力量的驱使下，学生更容易在表演中获得成就感，体会到歌者的美好，进而喜欢上唱歌。

## 二、科技辅助教学

随着时代的发展和科学技术的进步，多媒体已经走进了我们的课堂，运用这一高科技手段辅助教学是大势所趋。利用微软公司为Windows系统标配的Powerpoint软件制作课件已成为所有一线教师的专业必修课。时至今日，提及"课件"一词，几乎所有人的第一反应都是那些以".ppt"或者".pptx"为扩展名的文件。我们似乎忘记了课件的定义是"根据教学大纲的要求，经过教学目标确定教学内容和任务分析，教学活动结构及界面设计等环节，而加以制作的课程软件"。事实上，PPT

第二部分 教学论文

成为目前应用最广泛的多媒体课件形式的原因在于它编辑、播放的各种操作十分简单易学，容易上手。严格地说，微软公司最初开发 Powerpoint 的目的并不是制作课件。它的功能虽然强大，但相比专业的课件制作软件而言，使用起来仍显烦琐，难以表达教育思想。其文本容量小，无法做图片透明处理等缺点也是制约它实用性的硬伤。尤其是在音乐教学中，大多数 PPT 课件的作用仅仅是取代了教科书和录音机，却并没有发挥计算机的强大功能，使之对教学产生更为明显的积极影响。现在的小学生对于 PPT 制作的课件已经司空见惯，信息技术的教学甚至使一些学生制作 PPT 幻灯片的技术远超部分教师。因此，用简单的 PPT 课件满足孩子们的好奇心、激发他们的兴趣已经很困难了。

穷则思变，不同学科对课件的形式有着不同的要求。例如，几何画板这款软件，虽然用途单一，难以运用在数学以外的学科，但数学老师很方便地用它画出精确美观的图形或生成函数，在教学上起到了事半功倍的作用。为此，我千方百计地寻找一些有利于音乐教学的软件。因为音乐教学方法的特殊性，合适的软件通常并不适用于其他学科，很难在集成各种专业课件的网站上找到。但功夫不负有心人，最终我发现了一款叫作"GuitarPro"（GTP）的乐谱制作软件，并加以自己的创造，应用在课堂上，取得了良好的效果。

在二年级第一学期的《时间像小马车》一课，我用 GTP 为歌曲制作了包括打击乐在内的六个声部的伴奏乐谱，并将歌词在乐谱上呈现。在课堂教学中，首先利用 GTP 强大的自动读谱功能，在播放的时候随时停止，并从任意一个音符继续，以此来逐步攻克谱面上的难点。在之后学生跟唱的环节，软件的循环加速功能起到了重要作用，从原速度的一半开始，每一遍自动增加 10% 的速度。学生发现这个规律后，自然而然地产生了学习的兴趣和进步的期待。另外，打击乐的编配也为课堂打击乐提供了素材。屏蔽打击乐声部的音量，让学生用响板等乐器为歌曲伴奏，也成了孩子们最喜欢的练习形式之一。

好奇心是激发学生兴趣的利器。GTP 最初的开发意图是加强乐手记谱或创作时整体感知和声效果，理论上在音乐之外的其他学科毫无用武之地，学生几乎不可能接触到这类软件。当他们第一次看到这种"神奇"的课件时，心中的惊喜一定会转变成浓厚的兴趣。

音乐教育家巴列夫斯基说过："激发孩子对音乐的兴趣，就是把音乐的魅力传递给他们的必要条件。"在音乐课堂教学中，教师应善于把握学生的兴趣所在，使学生保持良好的心境、饱满的学习热情，积极创设情境，增强课堂教学的趣味性、灵活性，提供机会引导学生自觉主动地学习音乐，让音乐教学在学生心灵的美化、品质的培养、情操的陶冶、智力的开发和推动社会主义精神文明建设中发挥应有的作用。

第二部分 教学论文

# 基于学科核心素养培养的小学英语"节日体验课程"的实践研究

张 萌

## 内容摘要

小学英语是英语学习的基础,培养小学生的英语核心素养及落实立德树人的根本任务,势必要通过丰富和转变课堂教学得以实现。笔者通过以核心素养培养为目标导向的"节日体验课程"的开发,设计出具有较强操作性的节日课程,基于课本的有限内容,拓展更多的国内外传统节日,以体验、参与、合作、探究的方式,在多学科融合的过程中培养学生的语言能力、学习能力、思维品质、文化意识。

## 关键词

体验课程 节日文化 核心素养 小学英语

## 一、问题提出

《义务教育英语课程标准(2011年版)》指出:就人文性而言,英语课程承担着提高学生综合人文素养的任务,即学生通过英语课程能够开阔视野,丰富生活经历,发展跨文化意识,促进创新思维,形成良好的品格和正确的价值观,为终身学习奠定基础。响应习近平总书记在十九大报告中指出的：文化自信是一个国家、一个民族发展中更基本、更深沉、更持久的力量。推动中华民族优秀传统文化创造性转化、创新性发展，不忘本来、吸收外来、面向未来，更好构筑中国精神、中国价值、中国力量，是英语教学的终极目标。

经过对我校学生进行问卷调查得知，对中外文化相关内容感兴趣的学生分别仅有 4.05% 和 16.76%，而近一半的学生会对歌曲、电影、动画等内容更感兴趣。经分析发现，语言知识的学习会让孩子们略感枯燥。

"学习最好的刺激乃是对所学材料的兴趣。"对于小学阶段的孩子，对事物的喜好直接影响着他们的学习状态。当学生有兴趣时，才会以积极主动的姿态投入学习中。"节日"是符合小学年龄段孩子兴趣点的话题，与节日相关的生活经验可以促使他们参与其中。在小学阶段使用的北京版英语教材中，共涉及中、外及国际节日 28 个。因此，选择"节日"作为体验课程的主题具有较强的可操作性。

笔者结合教材，选取以中国农历新年、元宵节、端午节、中秋节、重阳节五个中国传统节日为主，万圣节、感恩节、圣诞节三个西方传统节日为辅的主题节日体验课程。以这些国内外具有代表性的传统节日作为课程切入点，通过课程的开发与实践，着力提升小学生的文化品格与学习能力，让学生更自然地接受、运用知识，树立民族文化自信，形成正确的价值观，不抵触也不崇媚西方，包容性地认识多元化的世界，初步形成文化意识。

## 二、基于学科核心素养培养的小学英语"节日体验课程"的课程性质与基本理念

### （一）课程性质

通过丰富和转变课堂教学，从英语学科角度落实"中国学生发展核

心素养"的推进过程。同时，推进立德树人于课堂教学中的进一步落实，激发学生对文化的兴趣，深化学生对文化的认知，明确语言作为交流工具的重要性。一方面，增强民族自信，引导学生能够继承并通过另一种语言将中国文化输出，"不忘本来、吸收外来、面向未来，更好构筑中国精神、中国价值、中国力量"。另一方面，依据《义务教育英语课程标准（2011年版）》，本课程的实践研究通过丰富形式、体验感知等方式，帮助学生认知世界，为学生形成良好的品格、构建正确的价值观、初步培养多元文化意识、发展包容性的文化理念奠定基础。

## （二）基本理念

1. 课程以培养学生英语学科核心素养为导向

本课程强调学生在学习过程中不单要注重知识本身，更应了解、感知语言背景及文化情感，以求更自然地发展语言综合运用能力。同时，通过小组讨论、合作，培养沟通、合作、探究意识，提升思维品质与综合学习能力。

2. 课程实施注重学生的感知体验与实践

本课程以节日为基础进行构建，鼓励学生在节日课程中主动参与、亲身体验与实践。兴趣引领的同时，使学生在真实语境中感知语言、运用语言。

3. 课程的开发面向学生的个体生活与社会生活

本课程面向学生的个体生活，以节日为基础，将语言知识与学生已有生活经验相融合。同时，由学生个体生活经验拓展到社会生活，感知节日在社会文化中的意义，再拓展到世界文化生活的多样性，通过初步了解、感知多元文化以及文化的平等性，培养学生跨文化意识。本课程从设计上避免独立关注学科知识，学生可以通过本课程建立学习与生活的有机联系，获得个体生活与社会生活的真实体验。

4. 课程评价具有综合性

本课程要求避免评价单一性，评价应体现学生的全面发展价值，鼓励学生自我评价与合作交流、分享，鼓励用性质评价代替分数等级评价，将学生在学习与实践过程中的表现、参与度、活动成果作为课程实施状况及学生发展的重要依据，对学生的学习、实践的过程与结果进行综合评价。

## 三、基于学科核心素养培养的小学英语"节日体验课程"的特征

### （一）情境性

知识源于生活，同样，应当将知识应用于生活。英语学习最大的局限性是缺少语言环境，为了创设情境而创设情境还是无法让学生感知真实语言的使用。节日大多是快乐的，符合小学阶段孩子的年龄特点。节日与生活紧密联系，小学生年龄偏小，生活经验有限，但节日是每个人都真实经历过的，因此从学生主体角度出发，结合实际搭建真实节日场景，设计真实节日风俗活动，这样的节日课程就能够唤醒学生已有的生活经验。节日本身就是真实存在的，在这样的语境中，学生更容易理解、感知、接受语言知识，并迁移到实际生活中进行表达，从而发展自身的语言能力。

### （二）体验性

在一节课的学习中，讲授式的课堂、大量机械式的操练很容易让学生产生枯燥乏味的感觉，因为在这一过程中，学生感官的调动是比较局限的。而根据学科融合设计出的实践活动则能丰富学生的体验，使课程充满新鲜感，激发学生的积极性。学科融合的实践活动需要学生听、看、

想、做皆要顾及,能够充分调动感官的使用。学生在同一个环节中能够从多个方面获得不一样的认知与理解,从而加深他们对课程的印象,也帮助他们对节日产生更丰富的体验。

## (三)交际性

作为语言学习的必要技能,听、说、读、写、看是需要在教学过程中重点关注培养的。在"节日体验课程"的设计与实践中,重视"情境性"与"体验性",都是为了帮助学生更好地参与到课堂活动中,有了参与度才能更好地感知、使用、体验真实语言,发展语言的综合运用能力。将语言知识渗透到实践活动中,引导学生在过程中关注知识本身,以小组为单位进行分享、讨论,活动结束后通过吸收的语言知识进行活动复盘与表达。教师不只为了教语言而教,更注重语言知识与情境、活动、文化的结合,以体验、参与、合作、探究的方式,使学生自然地接受、学习,在合适的情境下自然地进行交流,并能够将知识转化到日常生活中,实现学有所得,实现学生语用能力的发展。

## (四)文化性

语言的学习离不开文化,小学阶段的学生年龄小,对文化的认知仍然模糊、抽象,在这个信息发达的时代,学生很容易受到社会的影响,形成偏激、片面的看法。文化渗透在生活中的每个时刻,通过语言、行为、习俗等得以体现,教师应该潜移默化地将文化知识融进课堂。对于祖国优秀的传统文化,教师应该挖掘更多适合小学生体验、感知的活动,通过切身的体验给他们带来最直接的感受与认知。作为祖国的未来,学生应该建立"文化自信",感知到祖国的优秀文化后才能够传承、弘扬。同时,引导学生从细微处感知文化,体会中外文化的不同之处,带领他们发现不同的文化之美,进而尊重文化差异,培养跨文化意识,发展文化品格。

## 四、基于学科核心素养培养的小学英语"节日体验课程"的实施

### (一)激发兴趣,促进参与,实现语言能力的发展

语言能力强调在情境中对语言的理解及综合表达的能力。本课程的研究设计分别以中、西节日为两条主线,注重节日环境的创设,通过布置、创造真实节日氛围,引导学生更好地将语言学习与实际生活建立联系。

例如在低段的万圣节体验课程中,教师选取最邻近的时间点,鼓励学生装扮成自己喜欢的样子,并用南瓜、女巫、糖果、蝙蝠等相关节日元素装扮教室。由于时间点接近真实节日日期,学生能够意识到在已有生活经验中出现过类似的情景,因此更有情境代入感,避免了为了情景创设情景的虚假感。在激发兴趣的同时,节日氛围的烘托引导学生将已有生活经验与新知相关联,从而使他们更积极地投入学习活动中。在万圣节当天儿童经常会向他人索要糖果,"不给糖就捣蛋"这句语言的学习可以自然地发生在浓郁的节日环境下。精心装扮的孩子向教师说出这句话,教师便给学生一块糖果。通过这样的互动,师生、生生间的操练进行得顺畅、欢快,不会有枯燥感。通过在真实语境中学习真实语言、感受真实语言,并基于生活经验转化到生活中去运用,能够促进学生语言能力的发展。

对比前期数据,对中外文化相关内容感兴趣的学生分别仅有4.05%和16.76%,而本课程结束后,82.17%的学生表示对本节日课程感兴趣,很喜欢,学生的语言能力在兴趣的引领下也得到了发展。教师在实践的过程中融入相关的节日语言知识,在真实的环境中引导学生感知、使用、

体验真实的语言,使学生语言的综合运用能力得到更自然的锻炼。前期调查中,只有 42.77% 的学生认为自己很积极,乐于用英语表达自己;后期调查数据显示,有 97.54% 的学生乐于向家人、朋友介绍相关节日,分享自己的感受。可见,学生的语言表达能力与语言表达的主动性通过这一课程得到了较大提升。

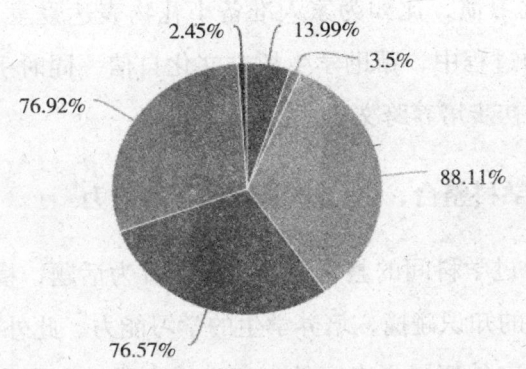

■ 作为中国人,我们应该只重视自己的节日,拒绝过"洋节"。　■ 国外的都是好的,西方节日比中国传统节日有意义。
■ 节日有节日的特殊意义与文化,我们要尊重不同文化。
■ 我们要了解自己的文化,有"文化自信",有传承、弘扬祖国文化的意识。
■ 我们应该在尊重文化的基础上,理智对待西方节日。　■ 其他。

研究后期学生对文化冲突的看法

## (二)挖掘典型活动,丰富文化品格,发展思维品质

本文的文化意识指学习者对中外文化的理解和对优秀文化的认同。本课程在实践活动设计中,关注节日文化,通过挖掘与节日相关的代表性活动,用真实活动唤醒学生的生活经验,激发学生对本国传统文化进一步的求知欲,在具有"民族心"的基础上引导学生尊重文化差异,辩证地吸取优秀文化。例如春节和圣诞节两个中西传统节日,所教授的知识,低段和中段都有涉及,学生需具有一定的语言基础。高段的相关课程可以从节日风俗入手,寻找共同点。这两个节日都有"家人团聚过节"的活动,引导学生通过发散思维,选择自己喜欢的节日,并说出原因。

班内就大家对两个节日的感受进行交流分享，鼓励学生自主查找我国春节期间的丰富习俗。教师可以用相机补充文化背景，使学生了解到我国丰富多彩的"年文化"由来已久，中国人都非常重视；圣诞节的起源则具有一定的宗教色彩，并非所有西方人都过。在引导学生认同祖国文化、树立文化自信的同时，还要引导学生关注文化的差异性，感受、认同一些积极的文化习惯，比如为家人准备小礼物表达爱意，等等。在思考、交流、引导的过程中，帮助学生树立文化自信，同时引导学生包容地看待文化差异，初步培养跨文化意识。

### （三）多学科整合，合作分享培养学习能力

本课程通过学科间的整合教学，以节日为话题，横向延伸，同时通过不同学科间的知识碰撞，培养学生的学习能力。此外，通过分组合作，基于书本知识向外拓展更丰富的内容进行实践。在合作过程中，通过组间评比、分享、展示等环节，发展学生的合作学习能力。

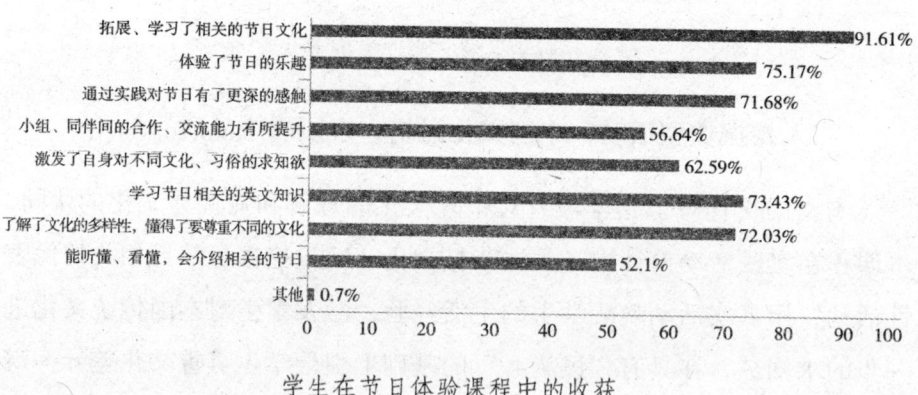

学生在节日体验课程中的收获

例如在中段的春节体验课程中，英语教师可以与美术教师、书法教师共同授课。在书本知识的基础上，拓展祖国的"年文化"，参与剪窗花、写对联等活动，从英语的角度认知这些丰富的年味习俗。

在中秋节体验课中，因为学生们都有吃月饼、赏月的生活经历，所

第二部分 教学论文

以教师带领学生分组共同体验制作月饼的过程。这一活动的设计，既体现真实生活，又因需要动手实践而引发学生的积极性。在制作过程中，小组协商，分工合作，看比赛规定时间内哪组做得多又好。同时引发思考：为什么要吃月饼，有什么样的寓意。通过班内交流、补充，引出"团圆"等美好的寓意，感受祖国传统文化的妙处。小组内讨论、汇总后，用英语介绍中秋节。

通过课上观察，很多学生都养成了提前查阅、了解、记录相关节日知识的习惯，课上课下都能主动地在班级中进行交流和分享。在节日课程的"体验"部分，学生们能够较好地通过小组分工，合作完成一些带有节日特色的动手实践，56.64%的学生在问卷调查中表示自己与同伴的交流、合作能力有所提升。

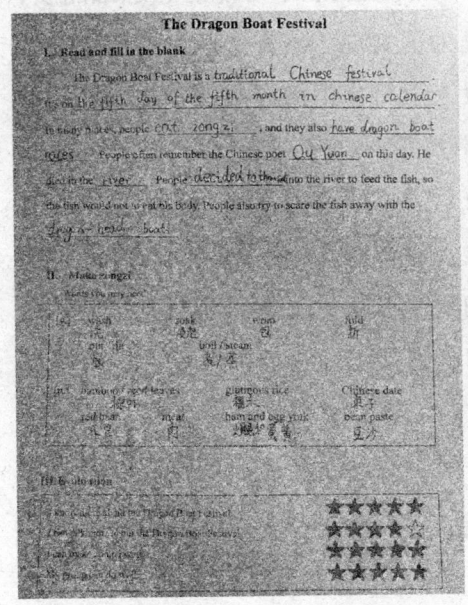
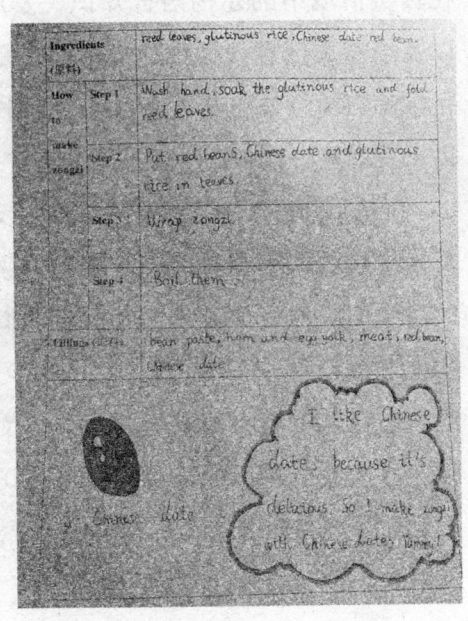

端午节体验课程学生的反馈

## 五、关于基于学科核心素养培养的小学英语"节日体验课程"的反思

通过实践研究过程中的反馈、问卷数据分析以及学生访谈,通过对节日体验课程的开发与实施,丰富小学英语课程,同时激发学生对节日更浓厚的兴趣,引导他们进一步对语言及背后文化的求知欲望,培养学生的文化品格,同时对一些文化冲突能够立足于中国人的角度理智思考,使思维品质得到发展。在参与过程中,学生通过小组合作的形式进行学习,提升学习能力。在分享交流中,学生对语言知识的学习也得到了极大的提高,学生语言能力得到发展。

因此,基于核心素养培养的"节日体验课程"的开发与实践是落实在真实情境中的建构语言知识,发展语言技能、学习能力、思维品质,以及培养文化意识的教学尝试,也是为了实现"培养全面发展的人"的目标的有益尝试。学生们乐于主动投入学习,积极参与,一定程度上有助于发展核心素养。

同时,我们也在不断地总结、反思,本研究尚存在一些不足。以节日为主线的课程在时间上局限性较强,每学期主题不同,间隔较长,因此后续的延伸如何处理,仍需要我们继续不断优化设计,深入思考。事实上,核心素养除了知识能力、学习能力能够通过反馈、表达、参与过程的监督评价等方式进行测评外,文化品格和思维品质并不便于量化测评。目前我们采用的是自我评价、访谈以及问卷调查的方式,但仍缺乏一定的严谨性。因此,后续同样需要重视并继续完善反馈测评的方式。

## 参考文献

[1]韦倩倩.加拿大安大略省 K-12 体验式学习模式框架及特点[J].

教育评论，2019（4）.

［2］邓亚庆，姚宝梁.将真实性体验式学习引入小学英语课堂——一节瑞士小学四年级英语课的思考［J］.外国中小学教育，2015（4）.

［3］杨勇.全球素养时代我国小学外语课程教学改革之考量——基于文化素养导向的教学改革举措［J］.现代教育科学，2018（9）.

［4］顾嫣菲.小学英语教学如何培养学生核心素养［J］.课程教育研究，2018（47）.

［5］徐娜.基于核心素养理念下的小学英语课堂教学模式研究［J］.课程教育究，2019（2）.

# "中国学生发展核心素养"的校本化实践
## ——在语文课堂教学中渗透美术教育

李晓如

## 内容摘要

新课标指出,美术是人类文化的一个重要组成部分。美术与各个学科都有千丝万缕的联系,传统的教学方式把各科知识分隔开,不利于综合素质的培养,因此教育改革的一项重要内容就是要实现多学科的教学整合。学科融合让学生在学习过程中接触到更加丰富多彩的学习形式,开阔视野,提高学习效率。美术和语文学科的教学内容都源于我们的实际生活中:美术教学中无论是欣赏课还是创作课,其作品都是对生活实际场景的再创造;语文的教学内容,无论是文学作品还是写作教学,都是反映实际生活并进行感情的升华。这么看来,绘画和文字不仅都是一种艺术形式,而且都源于生活并高于生活。

## 关键词

语文　核心素养　美术教育

新课标指出,美术是人类文化的一个重要组成部分,美术与各个学科都有千丝万缕的联系。传统的教学方式把各科知识分隔开,不利于综

第二部分 教学论文

合素质的培养,因此教育改革的一项重要内容就是要实现多学科的教学整合。学科融合让学生在学习过程中接触到更加丰富多彩的学习形式,开阔视野,提高学习效率。在教学实践中我发现,语文和美术学科的关系非常密切,图文并茂的形式往往能够提高学生的学习兴趣,并加深学生对文字的理解。在语文课堂教学中渗透美术教育,也使得学生对美的感受和理解更加广泛和深入。

建构主义学习理论认为学习活动是以学生为中心的,"学生主体,教师主导"并不是一句简单的口号,只有切实做到才能让学习者更有兴趣,才能激发学习者的学习动力。课程整合要求教师在课堂教学中为学生创设实践情境,提供实践机会,让学生在独立探究、合作学习中亲身体会到学习的乐趣。多元智能理论是美国心理学家加德纳提出的全新理论,该理论认为人类思维和认识世界的方式是多元的,应将各种要素整合起来,形成多位一体的教育方式。多元智能理论为美术基础教育阶段实施学科融合提供了理论依据,也为我们的教育实践提供了很多帮助。

或许有人会问,美术和语文存在什么联系呢?美术培养的是审美能力和绘画能力,而语文锻炼的是听、说、读、写能力,看起来这两者并没有实际的联系啊。其实,仔细想想就会发现美术学科和各个学科都有着千丝万缕的联系。比如,历史学科中美术方面的知识占据了很重要的地位,地理学科中地形图必不可少,科学课也涉及科幻画,劳技课上有剪纸等教学内容……很多家喻户晓的画家都擅长不同科目多种技艺。在语文学科的教学中,我越来越深刻地感受到它和美术学科的紧密联系,它们之间相辅相成。古人在作画的时候通常都会配上合适的诗句,给优秀的文学作品配上图画也会起到画龙点睛的作用,这样看来,美术和语文并不是相对独立的,而是互相渗透、互相影响的。

只有绘画是艺术吗?显然不是。语言也是贴近生活的艺术之一。艺术之间都是相通的,各种艺术之间也可以通过作品互相带来一些启示。

美术教学和语文教学虽然是两种不同的表现手法,但是其目的都是培养学生的文化内涵。在语文课堂教学中,阅读课文时我们通常会将课文与图画结合起来理解。例如人教版二年级上册第一课《秋天的图画》,朗读本课要引导学生感悟秋天的美好,体会并表达对秋天的喜爱与赞美之情。那么怎样才能够让学生多方位感受秋天的美好,并用自己喜欢的方式来表现秋天呢?这些从小就生活在钢筋水泥的城市里的孩子,除了公园里的菊花展和香山的红叶,他们真的很少再接触到秋天的讯息了。这让我想到了美术一年级上册第十二课《多彩的秋天》和二年级上册第四课《丰收了》,这两课的内容都和秋天有关。《多彩的秋天》以表现自然景物为题材,记得在教授本课的时候我从秋天的色彩入手,通过欣赏中外著名画家表现秋天景物的作品,引导学生接触色彩知识,结合学生自身对秋季的感受与体验,完善他们对秋季的总体色彩印象。而在《丰收了》中,我引领学生欣赏图片,观察实物,并结合生活经验,深入地了解在秋天这个收获的季节里,瓜果蔬菜的五彩缤纷和勤劳的人们收获的喜悦。学生课堂上完成的作品我都留存了下来,他们通过欣赏图片,加入自己的理解,把秋天的自然风景和丰收景象表现得丰富多彩。在新一节语文课上,我把之前的作品都展示在教室的作品栏和黑板上,学生很快就融入了课文的情境中。看着这一幅幅美丽的画面,学生有感情地朗读,理解,也就水到渠成了。

美术和语文的教学内容都源于我们的实际生活,美术教学中无论是欣赏课还是创作课,其作品都是对实际生活场景的再创造;语文的教学内容,无论是文学作品赏析还是写作教学,都是反映实际生活并进行感情的升华。这么看来,绘画和文字不仅是一种艺术形式,而且都源于生活并高于生活。古往今来,大量的汉字都能以绘画的形式呈现,甲骨文和绘画的关系非常密切,在识字的时候,学生也普遍对甲骨文比较感兴趣。在语文课上,动手绘画能够加深学生的体会,培养学生的想象力和

第二部分 教学论文

画面感,促进学生的持续发展。有时候小学生富于创造性的想象力是无法用语言表达的,尤其是低年级学生,他们的语言表达能力有限,所以大部分学生都喜欢画画。恰当地选择绘画的方式进行学习交流,会使课堂气氛更活跃,能够取得更好的教学效果。当画画成为语文课堂上学生喜闻乐见的一种学习形式后,学生的想象力、思维能力就会得到长足的发展。把绘画引入语文课堂教学,也可以帮助学生理解抽象的概念,感受丰富的形象。一年级语文《雪地里的小画家》中有"不用颜料不用笔,几步就成一幅画"这样一句话,这是个比较抽象的句子,很难在孩子的脑海中构建出一幅相应的画面。在一场大雪后,我带着孩子们在校园里堆雪人、打雪仗,大家用双脚、手掌印出各种图案,还一起完成了一幅雪地画。在讲这个句子的时候,我就把当时拍下的照片和视频播放给学生看,然后和学生共同在白板上错落有致地画出各种动物的脚印,形成构图饱满的画面,引导学生观察、感受,从而使学生明白动物在雪地里画画的道理,对课文有更深入的理解。

现在的小学语文教材版面设计非常精美,每一篇课文都有贴切的插图来衬托,充分体现出语文教学与美术的融合。在古诗教学中,我们可以充分利用插图,把学生快速地带入诗文的情境中,使他们全身心地投入到学习中去,以此提高课堂教学效率。国画作品也是将诗、画融为一体的,诗、画相辅相成,由此看来,文字艺术和绘画艺术的关系还真是千丝万缕。在指导学生有感情地朗诵古诗时,让学生根据课本上的插图说一说想象中的画面,再进行讲解,引导学生感悟体会,学生就可以更形象地了解诗词的意境。从另一个角度看,通过结合诗文内容进行绘画,让学生利用画笔展示自己对古诗的理解,也不失为古诗教学的一个好方法。我和语文教师共同上过一节综合实践课,教学的内容是校本课程《小诗人》中的《望庐山瀑布》一课。在讲解完古诗之后,我带领学生们欣赏庐山瀑布的照片,让学生们拿起画笔画出心中瀑布的美好画面。学生们大胆地展开想象，运用多种多样的美术元素，淋漓尽致地展示着自己对古诗的理解。绘画给学生们带来了乐趣，也让这节课产生了意想不到的效果。

美术和语文的学科融合体现在我日常教学的方方面面。从二年级开始，我训练学生们写日记，可以是简单的几句话，配上合适的插图，不能用文字表达的感受可以用绘画的形式展现出来，这样一来，就在一定程度上弥补了学生们词汇量的缺乏，也提高了学生对写作的兴趣，为以后的作文练习做了良好的铺垫。课程的整合并不是简单生硬地拼凑在一起，而是要在不经意中渗透，达到润物细无声的效果。当然，要想成功地在语文教学中渗透美术知识，还需要我们的语文教师掌握一定的美术知识，提高自身能力，这就对我们的教师提出了更高的要求。我们需要不断地学习，更新自己现有的知识和能力，这样才能做到游刃有余。

美术和语文学科的相互融合，不仅能够更好地培养学生的观察能力、审美能力，还促使学生在听、说、读、写方面有了更深入的理解，提高了学生的综合素养。作为教师，我需要做的是了解和学习更多的综合教育理论，为美术和语文学科的整合奠定良好的知识基础。另外，在整合的过程中要经常反思，教学目标要清晰明确，教学实施过程中坚持"以学生为中心"的原则，始终谨记"学生主体、教师主导"。

# 浅谈培养学生英语思维能力的方法

李 丹

## 内容摘要

我们学习英语,总有一个母语(汉语)干扰源问题。因此,在英语教学中,教师应采用多种有效方法,充分调动学生的各种感官,把语言材料和思维直接联系起来,尽量减少汉语这一中间环节,培养学生用英语思维的习惯。本文就简单谈一谈在教学实践中培养学生的英语思维能力的几点体会。

## 关键词

英语 思维 培养

语言是思维的工具,而语言思维是把语言学习转化为语言交际的唯一媒介。用英语思维,就是指在使用英语进行表达或阅读时,没有母语的介入,没有"心译"的过程,完全用英语思考、表达自己或领悟别人的意思。我们学习英语,总有一个母语(汉语)干扰源问题。因此,在英语教学中,教师应采用多种有效方法,充分调动学生的各种感官,把语言材料和思维直接联系起来,尽量减少汉语这一中间环节,培养学生用英语思维的习惯。

下面是我在教学实践中的几点体会。

## 一、用英语授课促使学生用英语思维

语言和思维是直接联系的，两者是一个不可分割的整体。学生学习英语要与思维直接联系，培养用英语思维的能力。

教学大纲指出："为了使学生的英语与客观事物建立直接联系，提高英语教学的效果，在英语教学中要尽量使用英语。教师要利用已学的英语来解释或表达新的教学内容。"长期用英语授课，耳濡目染，有利于提高学生的"四会"能力。教师用英语授课不仅提高了英语的复现率，而且对学生是一种鞭策和推动，促使学生更多地接触英语，用英语思维，学习英语知识，努力提高运用语言的能力，学会使用英语。教师用英语上课时，语言要力求规范、准确，应在学生听懂的基础上逐步提高。近几年英语学习的趋势是：年龄愈来愈小，时间愈来愈长，花费的精力愈来愈多，但学习的效果并没有本质提升，根本原因是我们一直以词汇量、语法量、考级、考试分数等作为学习目标，忽视了培养学生的英语思维。英语思维是英语的灵魂和生命，掌握了它，就能自由地操纵英语，且终身不忘；若没有它，就如同人没有大脑，无法自如地支配所学的英语知识，而且不学就忘。教师和学生都要明确，掌握英语思维是学好英语的根本。在平时的教与学环节中要最大限度地用英语去理解，用英语去思考，用英语去创造，用英语去实现。

## 二、充分利用直观教具和电教媒体创设英语情境

一个人，尤其是小孩，在英语环境中可以自然地掌握英语，因此英语环境是英语思维建立的土壤和必要条件。英语环境包括两个方面：首先，接收的是英语信息；其次，英语信息量大。这两者缺一不可，这也是英语教育的难点。许多人认为只要是全英文授课就是英语环境，就能

建立英语思维。其实，母语思维（即所谓的理解）是一种本能思维，如果信息量小，即使是全英语授课，也会本能地用汉语翻译，实质是用汉语思维来学英语，不可能建立英语思维。教师可以通过以下几种方式创设英语思维环境。

1. 用教室墙面和黑板报，营造英语文化氛围

在学校里，教室是教师授课和学生学习英语的主要场所，也是学生接受英语信息刺激最集中的地方。教师要有意识地利用教室创设英语文化氛围，使学生一步入教室就有一种进入"英语小世界"的感觉。教师可以用英语写作息时间表和课程表，也可以在教室墙壁上张贴名言警句等，激励学生努力学习。另外，还可以定期开展 English Conner 活动，让学生用英语自由交谈，发表简单演讲，从而提高交际能力。

2. 用英语上课，创造良好的语言环境

教师在课堂上要尽量使用英语，用英语讲解语言材料，创造活用英语的真实情景，促使学生用英语进行思维，养成用英语交际的习惯。

3. 坚持利用课前5分钟，开展简单会话

每节课开始，教师要拿出5分钟时间让学生做值日报告或自由谈话，用英语交流。教师可事先给出一个话题，如商店购物，银行取钱，旅馆订、退房间，看医生，机场接、送客人，个人的兴趣爱好等等比较贴近生活的话题。事实证明，学生非常珍惜这一锻炼机会，都能积极准备。这样，他们在参与过程中学以致用，既体会到了学习英语的乐趣，又锻炼了交际能力。

4. 通过角色扮演，创设情境

教育学研究表明，教学这种特定情境中的人际交往由教师和学生的双边活动构成。教师引导学生积极主动地参与到语言实践中去，当学完一篇适宜表演的课文时，可以让学生根据课文内容表演。大部分时候，学生纷纷抢着登台表演，很多都演得惟妙惟肖。这样，学生既当观众，

又当演员,既活跃了课堂气氛,又体验了真实的交际活动。著名教育家布鲁姆认为,成功的外语课堂教学应当在课内创设更多的情境,让学生有机会运用已学的语言材料。

## 三、加强听读训练,培养学生语感

语言习得理论认为:人们掌握语言的最佳途径主要是通过"可理解的输入"。在听、读、说、写四种能力中,听、读是"输入",说、写是"输出"。输入越多,语言掌握越好,运用就越自如、地道。有位心理学家认为:"只有自然习得的语言才能转化为口头的熟练掌握。"他强调"学外语首要的是大量接触生动的实际的语言材料"。因此在教学中,应为输出打下基础。在"听"方面,除教师在课堂上尽量用英语讲课外,高效率地使用录音机也可以创设一定的"听"的环境,所以要充分利用课本配套的听力训练提高学生的听力水平。另外,教师还可以适当补充听力训练材料。学生在长期的足量的听力训练下,能逐渐形成良好的语感,日久天长,学生一旦处于某一环境,就能够不加思考,直觉地意识到在该环境中应该怎样用英语表达。

## 四、介绍中英文化差异,形成思维定式

长期以来,英语教学一直以传授语言知识(即语音、词汇和语法)为主,认为只要掌握了这些语言形式,就能运用自如。事实上,有些句子用得不恰当或不地道,就是错误的,甚至是汉语式英语,如"*Thank your help.*""*His left eye is blind.*"等。也有的语言组成正确(无语法错误),但是在一定的语境中不宜使用(即功能局限)。如"*How old are you?*"是个正确句子,但若遇到一位女士,就不能这样问话。因为在西方应避免问诸如年龄、婚姻、工资等问题,这样提问与习俗不符,被认为很不礼貌。因此,在英语教学中,一是遇到英汉表达有差异的句子时,

第二部分 教学论文

要特别强调指出，并通过反复操练达到熟练运用的目的；二是介绍有关的文化背景，指出文化差异，诸如问候、表扬、邀请、致谢、求助、许诺等场合的习惯应答等。

  总之，在教学中，我们不能一味地"从英语到汉语"，或"从汉语到英语"，应尽可能多地给学生提供英语环境，让学生在实际操练中学习、掌握英语，使用地道的英语，进而达到在使用英语时完全用英语思维，排除母语的干扰。而英语思维的培养，并非一朝一夕之功，是长期努力的结果。合理使用母语和丰富的文化背景知识是培养英语思维的重要途径。

# 发现数学 探究数学 运用数学
## ——"分数的意义"案例分析

袁莹槟

关注人的全面发展是《新课程标准》的核心理念。《新课程标准》强调关注每一个孩子的发展,一切从孩子的实际出发。教师是教学过程的指导者、引路人,学生才是课堂教学的真正主体。所以,在教学中发挥学生的学习主动性、能动性、独立性是数学教学的主旋律。数学教学就是要培养学生发现问题、提出问题、解决问题的能力。

《新课程标准》明确指出,"动手实践、自主探索、合作交流"是学生学习数学的重要方式。这里的合作交流是一种具有时代精神的崭新的教学思想。生活离不开数学,数学离不开生活。数学教学不应该只是刻板的知识传授,而应该遵循源于生活、寓于生活、用于生活的理念。应重视对学生情感的培养,使学生建立正确的数学观,认识数学的价值,体验数学的趣味,清楚数学与生活密不可分的关系,使学生能够在生活中发现数学,探究数学,应用数学。

## 一、在实践探索中发现数学

学习本身是个体行为,一切知识和技能必须通过独立思考和自主学习才能内化。所以在设计教学过程中,必须有自主学习的过程。同时提醒学生要有计划、有步骤地做,要善观察、勤思考,做到眼、脑、手并用，这样才会事半功倍。

以下是五年级《分数的意义》教学片段。

**（一）创设情境，提出问题——引出分数的产生，发现数学**

1. 请同学们拿出你准备的米尺，动手量一量你的课桌的长和宽是多少米。问：得不到整米数怎么办？

2. 每个小组有一个苹果，请你们动手分一分，要求每组的四个同学分得一样多。追问：分的结果能得到整数吗？怎么表示你分到的苹果数？

这一环节的设计，使学生发现分数的来源，在人们测量、计算的时候得不到整数结果怎么办？这就需要用新的数——分数来表示，于是在实际生产、生活中产生了分数。数学就在我们身边，从而激发学生探究数学的兴趣。

**（二）推陈出新，激活旧知——引出分配问题，所得分数所表示的意义，复习数学**

教师给一、三、五组的同学每人发一张长方形的纸，二、四、六组的同学每人发一张圆形的纸，请同学们动手分一分，能得到哪些分数？

（学生动手分，分完后同桌互相回答。）

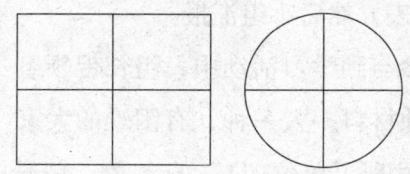

指名汇报

师：你分的是什么？

生：长方形。

师：怎么分的？

生：平均分。

师：得到哪些分数？表示什么意义？

这一环节的设计抓住了新旧知识的连接点，推陈出新，激活旧知，缩短新旧知识的距离，为下一个环节——小组合作探究认识单位"1"的学习做了很好的铺垫。

## 二、在合作交流中探究数学

教学过程是师生互动、生生互动、共同发展的过程。有意识地设计合作学习和探究学习的环节，给学生充分的时间探讨、研究，可以使学生萌发新的思路、产生新的思维。

**认识单位"1"，总结分数的意义——探究数学**

认识单位"1"是我们在四年级学习的《分数的初步认识》中的知识，通过平均分得到一个或几个分数。

课堂过程如下：

今天这节课我们继续利用平均分深入研究分数单位"1"（板书：分数），下面小组合作学习，拿出老师给你们每个小组准备的学具袋（学具准备：每组一个学具袋，学具袋里装有1张正方形的纸或1张圆形的纸或1个苹果，1米长的线绳或40厘米长的塑料彩条，4个萝卜图片或4个熊猫图片或6个公鸡图片，12个苹果图片或12本数学思维训练……1张表格）。

请同学们先观察老师所发的学具都有什么特点？你们组先分什么，再分什么？组长负责边分边说，边说边填表。然后小组汇报。

在小组合作中，每个学生都能积极参与到学习活动中，组长带领组员学习，给每个组员分任务，四个人四种材料一人一种，有困难的大家来帮助。在分和填表的过程中，同学们发现了单位"1"的含义。它不但可以是一个物体、一个数、一个计量单位，还可以是一个班级、一片稻田……在汇报中，抽一组学生黑板上填表，其他组利用实物投影来汇报。教师归纳板书：有的是一个正方形，也就是一个物体（板书：一个物体），也有的是一个计量单位，像1米长的绳子的1米，就是计量单位（板书：计量单位），还有的是由几个物体组成的，如4个萝卜、6只公鸡、12个苹果，我们称它们为"一个整体"（板书：一个整体）。你还知道哪些是一个整体？

学生：我们第一小组的人数可以看作一个整体，一个班级、一片稻田，都可以看作一个整体……

明确分数的意义。（参看下表）

分数的意义

把单位"1"平均分成若干份，表示这样的一份或几份的数

| | 对象 | 怎样分 | 得到的分数表示的意义 |
|---|---|---|---|
| 一个物体 | 1个苹果<br>1张正方形纸 | 平均分成2份 | 1/2 表示把1个苹果平均分成2份，其中一份表示这个苹果的1/2 |
| 一个计量单位 | 1米长的线绳 | 平均分成5份 | 1/5 表示把1米长的绳子分成5份，其中一份是1米的1/5 |
| 一个整体 | 4个萝卜 | 平均分成2份<br>平均分成4份 | 1/2、1/4 |
| | 12个苹果 | 平均分成6份<br>平均分成4份<br>平均分成3份 | 1/6、1/4、1/3 |
| | 一个班级<br>一片稻田<br>一片树林 | | |

这节课的重、难点是理解分数的意义、理解分数单位"1"的含义。在这一环节教学时，先让小组探究合作，拿出事先准备好的几种材料，动手分一分，用分数表示，看哪组得到的分数多；再让各小组汇报交流，力求创新，说说这些分数是怎样得到的。这里让学生充分说出自己的想

法和操作的过程，就是让学生突破"一个整体"，感受到可以把许多物体看作一个整体，把这个整体平均分成不同的份数，其中这一份或几份可以用分数表示的认知过程。最后，教师引导各小组自己举例加深对单位"1"的理解。这样让学生小组合作，全员参与，共同探究，构建新知，就能由感性认识上升到理性认识，让学生参与到知识生发的全过程中来。

### 三、在理解的基础上灵活运用数学

从教学实际需要出发，围绕教学内容、教学重点、练习内容自制多媒体课件辅助教学，帮助学生理解概念。

### 四、巩固练习——应用数学

1. 找单位"1"

①看了一本书的 3/4；

②走了全程的 5/6；

③完成全月计划的 1/3；

④男生是全班人数的 3/7。

这一练习的目的是让学生说出谁是单位"1"。使学生在探究中不仅能认识了单位"1"，还能学到更多。比如看了一本书的 3/4，可以引导学生分三步说：a. 一本书是单位"1"；b. 把一本书平均分成 4 份；c. 看完的是单位"1"的 3 份，是 3/4。

2. 听问题回答

提出问题：

同学们，我们第一单元的测试成绩已经揭晓，13 名学生成绩是优，其中女生是 7 名，问成绩优秀的女生占优秀生的几分之几？同时，女生占全班人数的几分之几？

追问：同样是 7 名女生，为什么会得到不同的分数？

第二部分 教学论文

在回答完前两个问题后，对于追问，同学们异口同声地回答：单位"1"不同。

通过这一环节的练习，可以看出学生深刻地理解和掌握了分数的意义，真正认识了单位"1"的含义，并能灵活运用所学数学知识，解决实际问题。这为学生将来学习分数应用题做了很好的铺垫。正是通过这一环节的探究、发现、总结，学生理解了分数的意义，对分数单位、分子、分母有所掌握。接下来再自学三分钟，就能掌握分数单位、分子、分母的含义。

总之，这节课的教学效果较好。教学过程中，首先要注重利用学生已有的知识，强调把单位"1"平均分，所得分数表示是单位"1"的一份或几份，为深入研究分数的意义做好铺垫。正是这一环节的设计恰到好处，使学生有机会充分参与教学活动，在小组合作探究过程中，学生才悟出了分数的意义，明白了单位"1"的含义，于是课程进行得很顺利，充分发挥了学生的主体作用。同时表格设计新颖、合理（参看板书中的表格设计），为学生感知、探究分数的意义起到了暗示和引导的作用，在小组合作学习中，使学生由分一个物体、一个计量单位，到分多个物体组成的一个整体，一步一步由浅入深地合作、讨论，使学生在填表过程中明白单位"1"的含义，突破难点，突出重点。这种合作、探究的形式能充分体现教学民主，也能给予学生更多的自由活动时间和更多的互相交流的机会。在小组合作、探究学习中，优等生的才能得到发挥，中等生得到锻炼，学困生得到帮助和提高，为学生营造了一种生动活泼的学习氛围，促进了学生积极进取、主动探索学习数学；提高了学生与他人合作与沟通的能力；让学生理解数学和生活的关系，增强了学生对社会的责任心和使命感。

# 听障儿童融入小学音乐课的几点尝试

赵肖月

**内容摘要**

当前,在融合教育理念下,特殊儿童在普通学校随班就读情况非常普遍。本文从一个基层普通音乐教师的角度出发,谈一谈在教学实践中摸索尝试出的几个小方法:第一,理解包容,尊重帮助。营造宽松友爱和谐的班级环境,接纳尊重听障儿童。第二,注重细节,激发潜力。教师针对听障儿童的特点实施行之有效的教学方法,使听障儿童在音乐课堂上有所收获,激发音乐潜力。第三,扬长避短,乐于参与。让听障儿童在音乐活动中自信地表达自己。

**关键词**

听障儿童  小学音乐  融合教育

《小学音乐课程标准》中指出:面向全体学生,注重个性发展。义务教育阶段的音乐课,应当面向全体学生,使每一个学生的音乐潜能得到开发并从中受益。音乐课的全部教学活动应以学生为主体,师生互动,将学生对音乐的感受和音乐活动的参与放在重要的位置。这是音乐课程的基本理念之一。这其中的"每一位学生"也包括随班就读的学生。

第二部分 教学论文

小学音乐的课程目标中提到"发展音乐听觉与欣赏能力、表现能力和创造能力，形成基本的音乐素养"。的确，音乐素养的提高离不开听觉能力的培养和训练。多听琴、多练唱能训练学生形成较好的音准，做到唱歌不离调；良好的节奏感离不开手、眼、嘴、耳的感知与配合；多听音乐作品才能提高学生的欣赏能力，开阔音乐视野；而对音乐的感受能力和分析能力，就是通过认真听辨音乐作品中的音乐要素而获得的。音乐是听觉艺术，学生主要通过听觉活动感受与体验音乐。

六年前，我在音乐课堂上迎来了两位听障儿童，甲同学双耳佩戴助听器，乙同学植入人工耳蜗。他们说话发音不是很清楚，很多字词读音有误，交谈时需要对方说很大声才能听清楚。与人交流时，能依据对方的口型和手势辅助理解。长时间的听力障碍，使得他俩在听课的专注力、理解力和记忆力方面都有所欠缺。学习歌唱、聆听乐曲对他们来说的确是一个难题，因此他们对于歌唱是抵触的，一方面是因为他们听不懂歌曲，也不会演唱，另一方面是因为他们即便唱了也会遭到别人的嘲讽和讥笑，久而久之他们就不喜欢唱歌了。

面对这样的学生，我在教学中保持充分尊重，努力摸索，运用灵活多样的教学方式激发他们的学习兴趣，允许他们以自己的方式表达感受和认知，鼓励他们积极参与各种音乐活动，竭力为这两位特殊的学生的音乐发展提供空间。

## 一、理解包容，尊重帮助

听障儿童在普通班级中会显得很特殊，不仅是因为他们的发音、敏感易怒的脾气，而且还有各科教师的特殊关爱。大多数同学会关爱、帮助他们，个别同学会嘲笑、戏弄他们，这些情感对于听障儿童来讲都是一种伤害，他们需要的是平等对待和尊重理解。在学校的学习中，要帮助他们与其他同学形成一种平等的、和谐的、友好的关系。

## （一）理解听障儿童

首先，在班级中介绍世界上励志的听障人士，如海伦·凯勒、爱迪生（一只耳朵失聪）、贝多芬（失聪后继续创作）、邰丽华等，让学生了解并学习他们身上那种坚忍的品质和顽强学习的精神，同时也知道关心爱护这个群体是一种道德风尚。

其次，利用图片和生活实例为全班学生讲解听障儿童生活的不便，让正常孩子通过实践感受无法听到声音的恐慌、无助与无奈。活动办法：在课堂上，请部分学生戴上双层耳套听课十分钟，当他们听力受阻，听不清教师的讲解，看到其他同学唱歌、欢笑、舞蹈时，焦急、无奈、气愤的心情会让他们迅速理解听障儿童的痛苦。

再次，给学生讲述听障孩子的心理特点，让学生知道大多数听力有缺陷的孩子内心都是很脆弱的。他们又有着强烈的自尊心，身体的残疾使他们变得敏感，缺乏自信和安全感，多疑，不喜欢和正常孩子接触，常常沉浸在自己的世界和小圈子里。这类孩子的家长会有亏欠感，因此格外宠爱孩子，所以大多数此类孩子，在生活中不太顾及他人感受，以自我为中心，脾气大。了解之后向学生提出问题："在同一个班集体中，我们应该怎样做呢？"大多数学生的答案都充满了包容和友爱。

最后，向学生简单讲解人工耳蜗的构造和工作原理，让学生明白人工耳蜗虽然能辅助听觉，但毕竟是电子产品，也会存在失真、返送信号延迟等缺点，因此听障儿童听到的声音跟我们实际发出的声音是有偏差的。人工耳蜗在使用时需要维护、保养，定期更换电池或其他配件，日常活动会受到少量限制，不便游泳，雨天不能外出，不能剧烈运动，手术花费也非常昂贵。学生了解这些知识后，对听障儿童的保护欲增强了，游戏活动中也会倍加小心地关心他们的安全，听课时也比从前安静了很多，尽量不发出嘈杂的声音，更不会嘲笑他们的发音。

第二部分 教学论文

## （二）宽松友爱的氛围

沐浴在教师和同学们宽容的呵护和关爱下，听障儿童内心会平和轻松很多，不再顾虑发出怪声遭到嘲笑，不会担心动作不合拍影响歌曲表现，不再为同学间无意的摩擦而发火。随着知识的积累越来越丰富，越来越充实，他们在课堂上的表现逐渐自如起来，也有了感受、表现、创造音乐的欲望，在音乐课堂上收获了快乐，感受到了音乐的魅力。

在教学中，有些教师可能会矫枉过正，出于关心和爱护，一味地保护和照顾听障儿童，这种行为其实是从另一个角度伤害了他们，强化了他们的特殊身份。在遵守纪律、热爱劳动、团结友爱等不涉及学生身体残疾的方面，还是要平等公正地要求他们，这样做才是真正地帮助他们融入班集体。听障儿童不需要过多的同情和怜悯，他们需要的是尊重和帮助。

## 二、注重细节，激发潜力

世界上没有两片相同的树叶，即便都是听障儿童，他们的听力水平、性格、音乐素质等方面也有很大的分别，教师要通过了解、观察他们的特点，在课堂上有针对性地进行教学安排。比如：甲同学双耳都戴有助听器，安排座位的时候就可以安排在中间位置，接受教室两侧环绕音响的刺激；乙同学做了人工耳蜗手术，左耳戴着声音接收器，于是我就把他安排在左侧靠近音箱的地方，并且在他的座位左边安排了一个音准较好的乐于助人的同学，在课堂上可以适当提示、帮助他听讲或参与活动。

在音乐教学中，听音练习是对听障儿童最大的考验。对于正常孩子来讲，简单的单音模唱是在小学一年级前两个月就能够完成的，然而对于听障儿童，则可能需要长达三年甚至更久的练习。每次听音练习，可以多弹几次，借助手势形象地描述音调的高低，模唱准确给予充分的鼓励，并请他牢记这次唱对的方法，方便以后的学习。

音乐课的音程练习对于听障儿童来讲是很难达到的，为了在这个教学环节中不舍弃、不孤立他们，可以请他们帮助教师做柯达伊手势，指挥学生练习，比如，三度音程训练时，教师和高声部学生在甲的手势指挥下弹出和唱出"mi"，乙学生就要针对甲同学给出的"mi"做下方三度的"do"，教师和低声部学生就要弹出和唱出"do"。可以说在这个环节中，甲乙两位同学有着绝对的指挥权，全体师生都在他们的指挥下练习，这种荣誉感和责任感促使他们认真巩固音程关系和练习柯达伊手势，在最后的致谢掌声中，他们常常挂着骄傲的笑容。

听力不好并不代表他们不具备良好的音乐素养，很多听障孩子节奏感稳定，音准很好，音色清亮，学会歌曲以后比很多正常的孩子唱得都准确，更有表现力。课堂上时刻关注他们，认真倾听他们的每一次演唱，哪怕只有一小节的准确，也要及时鼓励，能完成一乐句的准确演唱，就在班级里表演，看到他们的进步同学们会发自内心地鼓掌。通过游戏对听障儿童进行节奏感知能力的训练，有助于他们更好地参与学习。如游戏"下雨了"：准备两种以上儿童打击乐器（如碰钟、响板、沙槌等）。教师示范，听障儿童听并模仿做动作（或拍手或跺脚或敲桌椅或用打击乐器），节奏熟悉了之后，变化速度和力度，模仿下雨时雨量从雨滴到小雨到中雨到大雨，再回到中雨，最后回到小雨乃至雨滴的过程。待他们熟练地表现之后，把这段节奏练习分成两部分，分别放在歌曲《春天举行音乐会》的前奏处和尾声处，为歌曲制造特效音响，烘托气氛，使歌曲更为生动、完整、富于表现力。遇到难度较大的歌曲，他们无法完成，也不要忽略他们，可以要求他们做评委，对同学们的演唱进行评价，提出建议。这个光荣又艰巨的任务能促使他们侧耳倾听其他同学的演唱，认真地辨析声音的变化，判断并提出自己的观点和建议，这也是另一种参与音乐活动的形式。无论多么小的成功，都能激发他们的探求欲望，使其向着更大的音乐空间发展。

### 三、扬长避短，鼓励参与

听障儿童都有一双会说话的手，灵巧的动作传达着他们的情感和意向，有时他们的手语比语言表达更顺畅。在我的课堂上，这两个听障儿童偶尔也会用手语聊天交流，看着他们热烈又无声的"交谈"，我大多数时候视而不见，只有当我要讲授新知识或者需要他们参与到音乐活动中来时，我才会轻轻地走到他们面前，用食指做出"嘘"的手势，提醒他们注意听讲。

每学年都有一些比较重要的节日，六一儿童节、教师节、元旦等，这时候就是听障儿童大显身手的时候了，因为他们的特色节目就是手语歌曲。选定歌曲曲目之后，两位同学回家认真观摩视频资料，把每一个动作都练习很多遍，做到规范又合拍，然后第二天在班级里教给同学们。他们当小老师的时候特别认真，动作卖力，讲解时说话清楚有力，对同学们的要求还很严格。登台表演时，两位听障儿童在队伍的最前面，全班同学穿着整齐的服装，戴着白色的手套，用整齐的动作合着优美的旋律，用双手"歌唱"。那一刻，每个人的脸上都显露出纯洁的笑容，宛若一个个小天使。而当他们两个手捧奖状，被大家围在中心合影时，脸上的笑容是那么幸福。这两位同学中，甲同学在军训时表现突出，还因为个子高、节奏感好，在六年级的时候被选入了国旗班。在每周的升旗仪式上，他都走在队伍的最前面，看着他庄重的表情、整齐合拍的步伐、端正严谨的动作，我感到非常欣慰。

在融合教育的理念下，听障儿童通过随班就读，在音乐课堂上能学习和掌握音乐基础知识，开阔音乐视野，丰富情感体验，改善性格，提高自信，促进身心更好地发展。普通学校的教师还需要接受更多的特殊教育理念方法的学习，与特殊教师和特教学校合作配合，共同教育学生。融合教育需要时间和精力，是一项长期的、艰苦的工作，为了更多残障儿童的美好未来，我们愿意继续探索和研究更多适合他们的教育方法。

# 红旗小学足球队队员基本传接球技术训练现状的调查研究

李建武

## 内容摘要

　　校园足球的发展应遵循学校体育的教学要求及目标任务,以增强学生的身体素质为目标,提高学生的身体健康水平,在此基础上,发掘足球人才,促进我国足球事业的发展,因此需要科学的足球训练机制。校园足球训练内容应符合学生的身心特点,以人为本进行训练。本研究以北京市石景山区红旗小学足球队为研究对象,采用文献资料法、实地观察法、问卷调查法、访谈法等研究方法,对红旗小学足球队训练现状、训练安排、训练内容等情况进行了调查研究。在此基础上找出其存在的问题,发现问题产生的原因,并提出针对性的意见及发展对策。

　　通过调查得出以下结论:

　　1. 在训练安排上比较重视传接球技术的训练并注重基本技术能力的培养。

　　2. 在训练内容上更注重基本技术的训练,从而忽略了实战技术的运用。

　　3. 在传接球技术的素质训练上,注重身体素质的训练而忽略了观察能力和观察意识的培养。

## 关键词

红旗小学　校园足球　传接球技术训练　身体素质

## 前言

传接球技术是足球各项技术的前提与保证，是足球场上的语言，是足球运动中必不可少的基础环节。在比赛中，传球的准确性、快速连续的一脚短传、大范围的长传转移，无一不体现出场上宽阔的视野，精湛的脚法和传出球的时间、高度、速率及落点。再看近两年国内青少年U系列足球联赛中，表现好的队伍其主要优势体现在传接球失误少、成功率高。各种技战术配合所依赖的正是足球运动中至关重要的传接球技术。

要搞好我国足球运动的可持续发展，抓好足球后备人才的培养，重视青少年的足球技术的训练是关键。本文针对红旗小学足球队队员基本传接球技术训练的现状进行分析，主要目的在于了解球队队员传接球技术训练的现状及存在的问题，分析影响传接球技术训练的因素，为队员传接球技术训练提出有效的建议。

针对目前校园足球比赛技术粗糙，临场应变能力差的现状，通过对红旗小学足球队队员传接球基本技术训练现状的研究，从中找出影响队员传接球技术效果的因素，引起教练员对训练效果的重视，力求在以后的训练中做到总体与细节的有机结合，为提高队员们的技术水平和训练的效率起到积极作用。

## 一、研究对象

本文以红旗小学足球队队员为研究对象，通过对球队一个学期的传接球技术训练的调查，研究红旗小学足球队基本传接球技术训练现状。

## 二、研究方法

### （一）文献资料法

通过网络检索，从清华同方数据库查阅大量青少年足球传接球技术训练方面的文献、期刊，搜集整理足球运动发达国家关于青少年足球技术训练的书籍、资料，同时查阅我国青少年关于传接球技术训练的资料，在掌握前人研究成果和现状的基础上，了解青少年传接球技术训练的理念、方法及要求，进行本课题研究，为研究分析提供理论基础。

### （二）实地观察法

通过参加红旗小学足球队的训练，实地观察训练情况及队员们对于传接球技术的掌握情况。

### （三）访谈法

组织红旗小学足球队训练，其间对足球队队员的传接球技术的训练方法、训练效果，以及影响因素分别进行访谈。

### （四）问卷调查法

针对研究内容，经过反复修改与完善，最终形成问卷。针对队员对传接球技术的了解情况、训练日常、队员心理及训练手段进行分析并加以数据统计，从而得出关于传接球技术训练现状的相关数据。

## 三、研究任务

本课题通过对球队一学期的传接球训练的调查，对红旗小学足球队基本传接球技术训练现状进行调查研究，分析得出结论，提出问题，并针对问题提出合理的建议。

**结果与分析**

1. 红旗小学足球队情况分析

（1）队员年龄分布

表1　足球队队员的年龄结构调查表

| 年龄/年级 | 10 | 11 | 12 | 四年级 | 五年级 | 六年级 |
| --- | --- | --- | --- | --- | --- | --- |
| 人数（人） | 6 | 10 | 9 | 5 | 11 | 9 |
| 所占比例（%） | 24 | 40 | 36 | 20 | 44 | 36 |

由表1可看出，红旗小学足球队队员年龄分布基本在10到12岁，根据学生的身体发育情况来看，球队队员身体机能处于成长期，身体机能有待挖掘。因此在技术训练方面，还需要一定时间的练习。另外，六年级的学生由于面临毕业考试，在心理上和时间上都多了一份压力，所以在训练方面会受到一定的影响。

（2）队员的足球训练年限

表2　足球队队员的训练年限调查表

| 年限（年） | ≤2 | 2~3 | ≥3 |
| --- | --- | --- | --- |
| 人数（人） | 13 | 7 | 5 |
| 所占比例（%） | 52 | 28 | 20 |

由表2可看出，足球队队员足球训练年限≤2年的占52%，2~3年的占28%，≥3年的只有20%，由此可以看出，足球队队员接触足球训练的年限较短，只有5人接触时间较长，这进一步说明球队队员对于足球技术的掌握与理解不够深刻、不够全面，可以说只处于初步的认识阶段。

（3）队员对于传接球基本技术的掌握情况

表3 队员对于传接球技术的了解情况调查

| 了解情况 | 完全了解 | 比较了解 | 一般了解 | 不了解 |
|---|---|---|---|---|
| 人数（人） | 0 | 16 | 9 | 0 |
| 所占比例（%） | 0 | 64 | 36 | 0 |

由表3可以看出，红旗小学足球队队员完全了解传接球技术的比例为0，而有64%的队员比较了解传接球技术，一般了解的占36%，说明队员对足球传接球技术的认识还不够深刻，无法通过理论知识辅助大家提高传接球的技术。所以教练员平时安排的传接球技术训练任务，队员们不能完全理解和执行。由表1、表2、表3分析得出，队员们对于足球技术的认识与掌握情况都处在初级阶段，对于足球技术中的基本传接球技术更是认识不足。

（4）教练员情况

表4 教练员情况调查

| 调查内容 | 年龄 | 训练年限 | 毕业学校 | 教练员证等级 | 带队年限 |
|---|---|---|---|---|---|
| 教练员情况 | 28岁 | 4 | 北京化工大学 | D级 | 4 |

根据对教练员的访谈，以及问卷调查结果来分析，教练员在足球训练工作方面有着丰富的经验。虽然带队时间不长，但是在足球方面有一定的时间积累，并持有D级教练员证书，毕业于北京化工大学，足球专项出身，专业为体育教育。因此，教练员具备管理并发展球队的能力。

2. 传接球技术主题课与非主题课的安排及比例分析

本次通过对球队一学期的调查，针对球队的训练计划以及实地观察，得出以下数据：

球队日常训练时间为周一至周五，周二、周五下午为3点至6点，其他时间为下午4点至6点，平均训练时间为每天2.5小时，主题课3小时，训练内容为传接球技术，非主题课则在训练中插入传接球技术训练。

表5 主题课与非主题课的安排及比例

| 日期 | 周一 | 周二 | 周三 | 周四 | 周五 |
| --- | --- | --- | --- | --- | --- |
| 传接球技术训练时间 | 非主题课 1小时 | 主题课 3小时 | 主题课 2小时 | 非主题课 1小时 | 主题课 3小时 |
| 其他训练时间 | 1小时 | 0小时 | 1小时 | 2小时 | 0小时 |
| 所占比例（％） | 50 | 100 | 66.6 | 33.3 | 100 |

由表5可以看出，周一球队的训练中，传接球技术训练占训练总时长的50%，周二为传接球技术训练主题课，周三传接球技术训练占训练总时长的66.6%，周四的传接技术球训练主题课占训练总时长的33.3%，周五为传接技术球训练主题课。由此可看出传接球技术训练占总训练计划的一大部分。经查阅文献，《中国青少年足球训练理念实证研究》一文指出：传接球技术是足球技术中的基本技术，是技战术的基础。提高足球技术应从基础抓起。由此可以看出，红旗小学这样的训练计划安排有利于传接球方法的掌握，有利于传球的准确性和运用传球时机的技术的提高，通过反复练习传接球的技术，可以熟练掌握传接球的基本功，为实战中更好、更精准地传球打下基础。

3. 传接球技术主题课分析

（1）主题课前热身训练的内容

每次主题课或非主题课训练前，都进行固定的热身，内容如下。

①大拉伸：双腿弓步开立，左右腿依次在前，左右手依次向脚后跟处触地一次，向上外展；

②毛虫爬：体前屈动作，双手向前攀爬，再爬回，最后直立；

③平衡飞燕：双手张开，身体前倾，呈飞鸟姿势，肩、髋、腿成一平面；

④弓步扭腰：弓步压腿前进，上体直立，双手张开，每次前进上体旋转90度；

⑤扩胸前进；

⑥跨步跳；

⑦小步跑；

⑧加速跑。

详情见下表：

表6　热身内容调查表

| 内容 | ①大拉伸 | ②毛虫爬 | ③平衡飞燕 | ④弓步扭腰 | ⑤扩胸前进 | ⑥跨步跳 | ⑦小步跑 | ⑧加速跑 |
|---|---|---|---|---|---|---|---|---|
| 负荷（分/组） | 3×1 | 3×1 | 3×1 | 3×1 | 3×1 | 1×2 | 1×2 | 1×3 |

由以上内容可以看出，球队每次训练前，都进行专门的热身活动。总结多年训练经验可知，训练前的热身活动是必需的，不仅能降低受伤的可能，还可以使身体达到最佳的训练状态。以上热身内容，经本人亲身体会、实验，自我感觉适度，做完整套内容，身体可以达到良好的训练状态，微出汗，平均心率可达140。球队训练前进行的是身体功能训练的内容，通过各种形式的拉伸动作，使身体达到热身效果，并且加入了田径类的热身方式综合进行，进一步提高了热身的效果。球队采用新型热身方式代替平常的慢跑、静力拉伸等内容。纵观世界发展来看，新型的热身体系，正逐渐替代老式的热身方式。红旗小学足球队的这种热身方式不但提高了训练前的热身质量，也充分与国际主流接轨，值得推广。

（2）主题课前引导部分的训练内容

表7 主题课前引导部分的训练内容

| 主题课时间 | 周一 | | 周三 | | 周五 | |
|---|---|---|---|---|---|---|
| 内容 | 30米变速跑 | 一抛一传 | 点名传球 | 脚颠球 | 头颠球 | 高空停球 |
| 负荷（分/组） | 3×3 | 3×2 | 10×1 | 5×1 | 5×1 | 10×1 |

由表7可以看出，在每次主题课中，都采用两种不同的方式进行热身。通过查阅《足球接球技术浅析》一文可知熟悉足球的球性尤为重要，它是考验学生身体力量和是否刻苦锻炼的重要标准。在足球运动中，熟悉球性是足球技术的基本功，也是最基本的技术；增强球性可以提高足球控球技术，因此良好的球性是控球的基础和前提。通过表7可知，针对球性练习的内容过于单一，且练习的时间也不够充分。因此应增加针对传接球技术的练习内容和练习时间，如：①脚背正面颠球，脚内侧颠球和头部颠球；②原地脚背挑球，行进间左右挑球练习；③原地脚拖球，行进间的前后拖球练习；④侧转身脚底拖球，行进间向前向后拖球等。所训内容为后面传接球技术的练习做了铺垫，为队员后面更好地学习传接球技术提供帮助。

（3）主题课主体部分传接球技术的训练内容

表8 主题课中针对传接球技术的训练内容

| 主题课时间 | 周一 | | 周三 | | 周五 | |
|---|---|---|---|---|---|---|
| 内容 | 两人移动传接球（平行纵向） | 三人移动传接球（平行纵向） | 多形式四角传球 | 两人行进间互传快球 | 三人过顶长传 | 双人长传打点 |
| 负荷（分/组） | 40 | 40 | 40 | 40 | 40 | 40 |

通过表8可以看出，球队在整体训练传接球技术时，方法基本为无障碍、无对抗传接球练习，多为双人练习。经过查阅资料，总结《校园足球传接球技术训练的有效方法》一文所述可知，红旗小学足球队这样的练习方法虽然可以提高传接球的准确性及成功率，但缺乏对不同情况下队员传接球能力的训练，会导致队员在实际应用中缺乏实战能力和临场应变能力。长时间的练习，还会导致队员注意力以及传接球能力下降，不能很好地调动队员的积极性。训练内容单一，枯燥乏味，导致训练效果下降，使队员对基本传接球技术的学习失去兴趣，从而导致球队基本传接球技术能力提升速度缓慢。

4. 传接球技术非主题课分析

（1）非主题课中针对传接球技术的训练内容

表9 非主题课中针对传接球技术的训练内容

| 内容 | 对墙传地面球 | 两人传接地面球 | 两人传接高空球 | 两人互顶球 |
|---|---|---|---|---|
| 负荷（分/组） | 5×3 | 5×3 | 10×2 | 5×2 |

传接球技术是足球各项技术的前提和保证，是足球场上的语言，是足球运动中必不可少的基础环节。在比赛中，传球的准确性、快速连续的一脚短传、大范围长传转移，无一不是比赛中传接球的关键，各种技战术配合所依赖的正是足球运动中的传接球技术。多次重复触球，是学习掌握传接球技术的关键。由表9可看出，红旗小学足球队传接球技术训练的内容注重于传接球基本技术的重复练习，这样可以提高传接球的成功率，并且对训练队员的球性、球感有一定的帮助，可以使队员们更加熟练地掌握传接球的基本技术，为提高足球技术打下基础。

（2）针对传接球技术的素质训练内容

表 10　传接球技术的素质训练内容

| 内容 | 30米折返 | 快速摆腿练习 | 俯卧撑 | 半蹲 | 前后交叉小跳 |
|---|---|---|---|---|---|
| 负荷（次/组） | 1×3 | 50×3 | 30×3 | 15×3 | 50×3 |

由于足球比赛中有难以计数的有球和无球的爆发性动作，速度力量已成为评价运动员水平的重要指标之一，因此发展足球运动员的速度力量已成为重要的训练内容之一。根据《浅谈青少年足球运动员速度力量训练》一文的表述可知，速度力量是速度与力量的综合表现，它的提高受速度素质与力量素质的牵制。力量和速度是足球运动员提升能力的决定因素，良好的速度力量能够促进技战术的提高和发展，同时良好的速度力量是足球比赛取得胜利的关键因素，所以足球运动员进行科学合理的速度力量训练非常重要。由表10可以看出，红旗小学足球队队员在对于力量和速度的训练方面更侧重于下肢，运动员核心力量的训练有待提高。另外经研究表明，影响传接球的主要因素包括观察能力、传接球意识、身体素质等方面，而红旗小学足球队在对于传接球技术的素质训练方面，只针对队员的身体素质方面进行训练，忽视了观察能力以及传接球意识方面的训练，久而久之会导致队员们不能从各个方面提高传接球技术，从而导致传接球技术水平上升缓慢，不利于队员今后的发展。

## 四、结论与建议

### （一）结论

（1）红旗小学足球队队员的身体机能还处于发展阶段，足球训练年限短，大多是刚刚接触具体训练的队员，在提高传接球技术方面还需要一定时间，但队员们对新生事物的好奇心有助于提高他们对训练的热情。

（2）教练员很重视针对传接球技术的训练，通过反复练习传接球技术，来达到熟练掌握传接球技术的目的，也使得队员对于传接球技术有更加深入的了解。

（3）球队热身方式采用身体机能训练的方式，科学合理地提高了热身质量。主题课前的引导部分针对性很强，但练习内容和方式单一。主题课主体部分，基本采用双人或单人训练模式，缺少多人配合训练，训练内容为无障碍、无对抗训练，训练效果缺乏实战能力，且对于传接球意识的训练过少。

（4）球队在非主题课中训练的内容主要为重复触球训练，这样的训练方式不但可以提高队员的球性、球感，还可以使队员熟练地掌握基本技术。在素质训练方面，球队注重下肢的力量训练，忽略了整体力量的训练，并且在影响传接球技术的三种素质中只练习了身体素质一种，忽略了足球意识及观察能力方面的训练。

**（二）建议**

红旗小学足球队队员接触足球训练以及对传接球技术的了解还都处于懵懂阶段，由于年龄的关系，身体各方面素质有待开发，建议教练员多为队员讲解普及传接球技术的知识，针对队员的身体情况合理地安排训练内容。球队教练对于传接球技术主题课与非主题课的合理安排，不仅能提高队员对于传接球的认识，还能使队员的传接球技术得以加强和巩固，建议保持。针对传接球技术训练方面，应注意技术、意识的全方面发展，多加入障碍训练、对抗训练，为实战打好基础。针对传接球技术素质练习的内容方面，建议教练员加入反应能力、应变能力的培养，加强对观察能力的培养等，避免单一地进行身体素质的培养。

**参考文献**

[1] 田麦久. 运动训练学（体育院校通用教材）[M]. 北京：人民体育出版社，2000.

[2] 张庆春. 中国青少年足球训练理念实证研究[D]. 北京体育大学博士学位论文，2006.

[3] 孙奇. 身体功能训练对足球运动员身体素质影响的相关研究[D]. 北京体育大学硕士学位论文，2016.

[4] 孙婉丽. 身体功能训练的引入及在国家队的应用研究[D]. 首都体育学院硕士学位论文，2014.

[5] 曹晨. 英国足球训练中热身方法的实践与分析[J]. 校园足球，2016（9）.

[6] 陈家亮. 谈足球的传、接球技术[J]. 体育科技资料，1974（9）.

[7] 苏祖昌. 足球接球技术浅析[J]. 体育科技，1983（4）.

[8] 马国庆，刘生瑛. 校园足球传、接球有效性研究[J]. 新课程（中），2016（9）.

[9] 朱雪松，孙佳钰. 校园足球传接球技术训练的有效方法[J]. 同行，2016（7）.

[10] 郭尖浅. 谈中学生足球传接球技术的教学[J]. 中学课程辅导（教通讯），2016（18）.

[11] 刘宴维. 浅谈足球中传接球技术教学策略[J]. 科教导刊（中旬刊），2012（29）.

[12] 张燕乐. 北京三高13—14岁足球运动员专项灵敏素质训练方法[D]. 北京体育大学，2014.

[13] 韩博健，张晓刚. 浅谈青少年足球运动员速度力量训练[J]. 体育世界（学术版），2017（1）.

[14] 李君. 核心力量训练与足球专项速度力量关系的研究[J]. 当代体育科技，2017（3）.

进步就是成功——北京市石景山区红旗小学教育教学成果集

# 浅谈信息技术课堂教学心得

孙月华

## 内容提要

《北京市加强与改进义务教育阶段信息技术学科教学的指导意见（征求意见稿）》中提出，义务教育阶段信息技术课程的总目标是：培养学生的信息素养。这就要求信息教师改变以往的课堂教学理念和教学方法，以全新的理念指导信息技术教学，探讨行之有效的教学方法，为学生营造一种能够发挥学习积极性、创造性和个性化的学习环境，从而达到更好的学习效果，培养其信息素养。

## 关键词

信息技术课　信息素养　高效　实效

小学信息技术课程是一门集知识性、趣味性和实践性于一体的学科，《中小学信息技术课程指导纲要（试行）》提出了该课程的主要任务是：培养学生对信息技术的兴趣和意识，使其了解和掌握信息技术基本知识与技能，了解信息技术的发展及其应用对人类日常生活和科学技术的深刻影响。《北京市加强与改进义务教育阶段信息技术学科教学的指导意见（征求意见稿）》中提出，义务教育阶段信息技术课程的总目标是培养学生的信息素养。这就要求我们改变以往的课堂教学理念和教学方法，以全新的理念指导信息技术教学，探讨行之有效的教学方法，为学生营造一个能够发挥学习积极性、创造性和个性化的学习环境，从而达到更好的学习效果，培养其信息素养。通过近几年的教学实践，我有以下体会。

## 一、多维度情境辐射，构建高效课堂

教师应根据不同的教学内容创设不同的情境，情境呈现的可以是一幅图或是一段动画，也可以是声音或者文字，多维度的情境创设不仅有助于轻松愉悦地完成教学任务，还可以有效达成教学目标，实现课堂教学的高效性。

1. 游戏情境

各学科教师都很青睐课堂教学中的游戏情境设计，恰当的游戏情境设计能最大限度地激发学生的学习热情。例如信息技术第二册《复制移动文字块》这节课，有位老师课前播放《幸福拍手歌》，学生进教室时听到音乐非常兴奋，都跟着音乐边唱边拍手，学生的热情被调动了起来。这时上课铃声响了，多媒体屏幕上出现《幸福拍手歌》的歌词，老师让学生将歌词输入电脑中，并且说一说究竟如何操作。本节课的教学目标是学会选取中文字块，掌握复制、移动、删除文字块的操作。这首歌的歌词的特点是有许多重复的字块，与本节课的教学目标有很大的关系，因此根据这节课的教学目标来设计这个游戏，不但能够引起学生共鸣，而且能够让师生都在愉悦的情境中完成这堂课。

2. 角色情境

作为教师，要尊重学生的认知规律和心理发展规律，尊重学生的主体性，在课堂教学中进行学生的角色转换。例如在信息技术第一册键盘练习中的《延伸拓展练习》最后一个教学环节，我提出问题："小青蛙要从荷叶上跳到对岸，在规定的时间内若是没有离开这片荷叶就落水了，它能跳过去吗？"学生们跃跃欲试，真把自己当成小青蛙，通过打荷叶上的英文单词来跳到对岸，看似枯燥的打字练习变得生动有趣，学生的打字速度不知不觉得到了提高，盲打能力也得到了锻炼。

3. 竞赛情境

教师创设小组竞赛来完成教学任务，可根据所创设的情境，分解教学任务，体现任务的多样性，并分享多种教学成果。小组竞赛情境的创设不但能够提高学生和平竞争的意识，还能提高学生的团队意识，以及探究能力、协作能力。

小学生的思维方式主要以具体形象思维为主，采用创设情境启迪思维的教学模式能够提高学生的兴趣和积极性，促使其主动学习，较好地激发了学生的思维，使其较快掌握知识和技能，提前达成教学目标。教师还能利用节约下来的时间进行拓展提高，从而在单位时间内以最小的教学投入和学习投入获得最大的学习效益，实现高效课堂。

## 二、多角度素材选择，提高课堂实效性

课堂教学的宗旨是激发学生的学习欲望，提高学生的学习效率。对于同样的教学内容，以不同的素材呈现，教学效果大相径庭。素材不受课程内容的限制，一个素材可以服务于一节课中的某一个知识点，也可以贯穿整个单元或者几个单元。素材可以采用以下形式。

1. 学生作品作素材

用学生的作品作为素材，不但可以提高学生的积极性，而且可以让学生获得成就感。例如《初识画图工具》一课，主要就是打开画图文件，填充颜色，使用放大镜。我就利用上节课学生画的简单图形，练习画图文件的打开，为打开的作品填充颜色。学生特别高兴，原来自己的作品可以变得更漂亮，学生获得了成功的喜悦。

## 2. 生活中的素材

《初学相片处理》一课中，我为学生选取了一些他们在运动会、舞蹈课和跆拳道课上拍的具有代表性瑕疵的照片，进行照片的处理。《使用变形工具》一课中，我为学生制作了一个"E"作为素材，让学生进行视力表的制作。选取学生熟悉的贴近生活实际的素材，更能吸引学生的注意力，使其积极主动地解决实际问题，完成任务。

## 3. 半成品素材

半成品素材是由成品加工或教师制作而成的，教师可根据学生对技术的掌握情况设计不同层次的练习素材，使不同程度的学生都能得到充分的练习，有所收获。例如《绘制曲线图形》一课，我绘制了两条风筝线，其中一条断了，请学生想办法接上，很多学生根据没断的那根线，很快在工具栏中找到了曲线工具进行操作。半成品素材让学生的练习更有针对性，在很大程度上提高了课堂的教学效率。

## 三、展示学生作品，让学生获得学习的成就感

一位心理学家曾经说过，孩子在学习过程中是否体验到成功的喜悦，直接影响孩子学习的动力和一生的情感发展。教师在教学过程中展示学生作品，可以使学生获得学习的成就感，激发其他学生的竞争意识，从而激发他们的学习兴趣。

在展示学生作品的过程中，教师可先让学生对作品进行评价，然后教师予以总结补充，指出优点和需要弥补的不足。根据教学内容，也可以让学生互相对作品进行评价，这样更能激发学生学习的积极性与主动性。

## 四、让学生利用信息技术进行自我评价，环保、准确、高效

信息技术不只是教师教学的内容，也是学生学习的工具。其他学科

的教师都会准备好课堂评价表让学生填写，以此反馈课堂教学的效果。作为信息技术课的教学反馈，如果也借用这种评价表，首先部分学生不会客观评价，反馈情况不准确；其次将纸质反馈表收上来统计测量也颇耗人力，作为信息技术教师要充分利用手中的计算机为教学服务。教师可用计算机制作本节课的课堂评价表，让学生利用本节课所学知识来完成自我评价，这样不但能够体现学生对本课内容的学习效果，而且能够通过学生完成评价表的情况来掌握学生对本课技术的掌握情况。让学生用信息技术进行自我评价，不但节约纸张、绿色环保，而且在评价完毕后还可以通过计算机网络提交，使用自动化测量工具进行统计和测量，省时省力，提高课堂效率。

　　随着信息技术的迅速普及以及学生信息素养的逐步提高，信息技术教师的教学能力受到全新的考验。本文仅从情境教学、素材选择、作品展示、课堂评价四个方面谈了一些教学体会。除此之外，我们还要做到科学地分析教学内容、精心组织教学设计，积极地总结教学经验，不断积累，汲取好的教学方法和教学手段，丰富自己的教学知识，提高教学技能，为培养学生良好的信息素养，充分发挥学生的主动性、能动性和创造性，为学生的健康成长而不懈努力。

## 参考文献

［1］阮梅芬.处"境"才生"景"［J］.中小学信息技术教育，2014（2）.

［2］巨波.浅谈信息技术教学中素材的选择［J］.网络文章.

［3］赵萌."半成品"素材在信息技术课上的应用［J］.教育信息化，2011（12）.

第二部分 教学论文

## 充满智慧的翻转课堂

朱 旭

"第一课时到底讲什么，怎么上？"一位老师抛出了令人头疼的问题。"第一课时还讲不讲生字新词？是不是生字词不讲了，直接分析课文？"另一位老师满脸疑惑……五年级语文教研组的老师们七嘴八舌地议论着。

今年我校高年级语文组参与了"整本书阅读"的区级研讨活动，在活动中发现，如果不改变教学方式，根本没有时间指导孩子们进行整本书的阅读，那么研究的过程也就没有实效性。于是老师们发现，只有整合单元教学，才能节省出时间进行阅读的指导。那么怎样整合？课时如何分配……就成了讨论的焦点。

"我想第一课时还是要处理生字词，这是我们小学阶段的重点内容，也是学生语文核心素养的基础，所以还是要讲一讲，对吧？大家的意见呢？"我发表了自己的想法。

在语文素养的培养过程中，必要的语文知识是不可或缺的。在小学阶段，教学一定的汉字的音形义知识是非常必要的，离开知识的能力也是无法设想的。

"那怎么讲？那么多生字，放在一起讲，学生能有兴趣吗？"一位年龄较大的老师满面愁容，表示不理解。

"对呀，课堂得多枯燥呀！我不看好。"

"对呀，学生已经具备了一定的识字能力，不如就让他们自己学习吧！"

目前高年级语文识字教学存在这样两种做法：一种是放任自流。有的老师认为高年级的语文课上没有多余的时间来进行生字教学，所以让学生在预习时进行自学，然后学完课文默写检查。另一种是巨细无遗，像低年级一样，把每篇课文的生字词语拎出来，写满半黑板，开火车读，还要组词造句理解意思，用上半节课时间解决字词问题。事实上，高年级识字教学既不能将识字任务完全交给学生，又不能采取低年级的全方位的教学方式。

"那就让我们想想办法，看看怎样优化这第一课时，既让学生喜欢学，还能让他们有收获。"我坚定地表达着自己的意见。

讨论继续进行，老师们时而低头沉思，时而踊跃发言，时而侧耳倾听，时而频频点头……

虽然讨论没有达成统一的意见，但是大家对"单元整合"这个问题已经达成共识，那就是必须整合教学内容，才能实现课时的整合。

一篇课文的第一课时，一般做法都是初读课文、处理字词、理清课文结构、归纳主要内容。但是如何在一课时里把四篇课文中的所有字词同时处理好，却是十分值得研究的内容。看似简单的字词，实际上充满了知识点，不讲肯定不行，每一个字都仔细透彻地讲肯定也不行，那么哪个字该讲解、哪个字不需要讲解，就成为这节课的关键。只有找准学生的需求，才能提高这节课的实效性。对！找准学生的需求！课前预习是找准学生需求的关键。设计预习单，让学生在课前完成，从而发现问题，找到本节课的教学内容和重点、难点。预习单很快出炉啦！内容包括哪些字需要提醒同学注意读音、笔顺、重点笔画，哪些词语需要提醒同学注意，不仅涵盖了字的音形义的学习，还从小老师的角度出发提醒学生注意，激发了学生的完成兴趣。

那么，课堂上怎样交流这些内容，才能使学习更具实效性呢？

"我们设计一些小测试，检测学生的掌握情况，行吗？"一位老师环顾大家，希望得到认同。

"我觉得那就又成了老师的安排，学生会觉得之前的预习都是做样子，没意思。"一位老师说。我觉得有道理。

"那不如，咱们让学生自己出题，考考同学们？"这个方案得到了大家的认同。可怎样出呢？每个人都来出题，每个人都来做题吗？大家又一次激烈地讨论。

这时一位年轻的老师表达了自己的看法："大家知道'传送带'吗？以组为单位，用抽签的方式决定内容。轮着出题，轮着答题。"这一方案得到了大家的一致同意。

到了上课那天，大家拭目以待，都希望我们绞尽脑汁确定的方案能取得较好的效果。

## 课堂实录

### 学生 A 组交流

学生：我们组在字音方面设计了两个生字的选择字音——"誊""歧"，请圈出正确读音。

老师：孩子，为什么是这两个字？为什么列出"juàn""zhī"这两个音呢？

学生：我们认为"誊"这个字和以前学过的"眷"，从字形上看十分接近，提醒大家不要读错；"歧"这个字，容易读半边。

老师：提醒得真好！（板书：眷）看看这个字和"誊"有什么不同？

学生：一个下边是"言"，一个下边是"目"。

老师：还有没有与它俩很像的字？

学生:"誉",这个字下边与"誊"一样,但是上边的偏旁不同。

老师:真好!通过这一个字,我们又复习了两个字。

学生接着交流答题纸。

学生:在字形方面,我们设计的是加偏旁组成新字再组词。一个是"反",另一个是"少"。(学生仔细观察后,表示全对了。)

老师:这种题型主要是考察大家——

学生齐声:形近字的区分。

(板书:形近字)

学生:我们组在字词义方面,还设计了一道选择填空题。"歧路"和"歧途"的区分,他们也做对了。

**学生B组交流**

学生:我们组重点设计了关于字形的两道小题,"爆""墟"的重

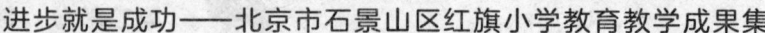

点笔画,与前面的组考虑的问题一样;还有一道是关于古体字的辨识:"砸""曼"篆书的认识。

老师:你们组为什么要设计这样的练习呢?

学生:我们是这样考虑的,在本学期我们的综合实践活动是"遨游汉字王国",其中涉及了很多字体的认识,我们觉得很有趣。

老师:你们能够把所学到的知识整合到一起,真有想法呀!

通过这样的课堂教学,我的收获如下:作为一名老师,我们总是被固有的思维、以往的经验所束缚,经常低估了学生的能力,使整节课毫无趣味,死气沉沉。而在这节课上,学生们设计的习题是我们在教学中想不到的,一个个思维的火花在我们的眼前闪现。学生成了课堂的主人,时间给了他们,内容给了他们,他们主宰着这节课的教学重点,而且充

第二部分  教学论文

满了趣味。课下，孩子们主动找到我们，告诉我们这样的课他们喜欢上。

北京市新一轮"深化教育领域综合改革"正在如火如荼地进行。一线教师在当今教育改革步伐快、力度大的背景下，都在努力地进行着课堂教学的大胆改革。单元课程整合是在提高学科教学质量和效益的同时，使师生都能够通过教学获得充分的时间，获得个性的发展，回归语文的本真，从而最大化地提高教学效果。

## 从课内走向课外　为学生营造阳光灿烂的课堂
——小学语文第九册课文《颐和园》课件的制作

丁志云

**内容摘要**

　　本文通过对《颐和园》课件设计及制作意图的介绍，以及该课件在课堂上所发挥的作用的介绍，阐述多媒体技术在语文课堂教学中所发挥的重要作用。《颐和园》课件既能够把图片、文字、视频、音频、动画结合起来，使原本枯燥的课堂活跃起来，最大限度地调动学生的积极性，激发学生的学习兴趣，又能够使学生阅读一些课外读物，拓展学生的视野，从课内延伸到课外，在广泛的阅读中提高写作能力，并能够创设情境，让学生看到自己身边熟悉的景物，在悠扬的乐曲中情景交融，激发学生对家乡美丽景色的热爱之情，产生写作的欲望。在课堂教学中，课件能使教师的主导作用与学生的主体作用得到充分的发挥。

**关键词**

　　从课内走向课外　学生的需求　交互性　课堂活跃　自主学习

　　随着计算机多媒体技术的迅猛发展，计算机辅助教学（CAI）也逐渐成为最具吸引力的现代化教学手段。现代化教学要开发高质量的计算机

第二部分 教学论文

辅助教学软件即 CAI 课件，充分发挥 CAI 的核心优势。多媒体技术把图片、文字、视频、音频、动画结合起来，可突破时空、环境的限制，一些比较枯燥、难以理解的教学内容或一些课堂上无法或不易实现的教学场景可借助多媒体来实现。运用多媒体技术，可以模拟仿真各类情境，在课堂教学的过程中根据不同学科的特点，针对不同的教学内容，综合运用声音、图像、视频、动画等多媒体手段创设情境，化不可见为可见，化静态为动态，化抽象为直观，化复杂多变为简洁明了，可以最大限度地调动学生的积极性，激发学生的学习兴趣，充分表现教学内容，突出重点，突破难点，引导学生积极探索、主动学习。从语文教学的角度来说，CAI 的介入，无疑将改变传统课堂基本靠教师口授、板书、师生阅读分析来实现教学目标的局面。语文课主要以培养学生的听说读写能力为主，而当下多读多写在课堂上的实现方式已难以激发学生的兴趣，尤其是课堂上空洞地让学生写作，往往使学生很被动。阅读课文更是如此。通常，阅读课文只是草草地读一读，一带而过。为了解决这个问题，激发学生的学习兴趣，培养学生的自学能力，使学生能够自主地进行学习，给学生创造一个良好的学习空间和良好的写作意境，并根据我校与龙泉宾馆相邻的地理位置，我特地到龙泉宾馆考察，寻找到龙泉宾馆及所临永定河的许多照片，为学生自学《颐和园》这篇课文后拓展写作准备了素材。在此基础上，我设计并制作了《颐和园》课件。为做好这一课件，我收集了大量的颐和园各个景点的图片，做了充分的准备。《颐和园》课件设计制作精良，课堂教学效果显著，下面分项加以阐述。

## 一、课件的设计内容

### （一）导入

首先把颐和园各景点的图片用 Photoshop 处理成大小不一的精美图

片，组合成五个页面，配上轻快的乐曲，一页一页地展现在学生眼前，然后导入主界面，引出课件的课题。主界面是一幅以十七孔桥为主，运用 Photoshop 的透明效果合成的图，图中包含主幅椭圆形小图，每个小图作为进入该项目的按钮，把鼠标随意放在任意一幅小图片上，鼠标便会变成小手形状，同时闪现出进入该项的提示字幕。根据学生的需要，课件共设计了五项：历史简介、课文欣赏、景点游览、佳作欣赏、学习乐园。课件中每一项的制作意图，下文将分别加以说明。

## （二）历史简介

历史简介是五项中最简单的一项，简单地向学生介绍了颐和园建造的历史过程及地理位置。课件中介绍了颐和园位于北京西郊，是一座拥山抱水、气象万千的清代皇家园林，是中国传统造园艺术的典范，也是北京清朝皇家园林——"三山五园"中唯一完整独存的一处。曾被称为"清漪园"的颐和园被英法联军焚毁后，慈禧太后挪用北洋水师经费重建，共耗银 3000 万两（合 150 亿元人民币）。1900 年，颐和园又遭到英、美、德、法、俄、日、意、奥八国联军的野蛮抢掠和破坏，1903 年重新修复。通过对颐和园的历史简介，使学生对颐和园的历史有一个初步的了解，并能够有一个客观的认识。

## （三）课文欣赏

课文欣赏中设计了九个按钮，第一个按钮是全篇课文的展示，学生可随时阅读并查询课文的任意一个自然段。其他八个按钮分别设置在课文的每一个自然段，学生可根据需要点击按钮。每一个自然段都根据本自然段介绍的景点配置了相应的图片，图文并茂，使学生易于理解。为便于学生对课文的理解，课件中详细介绍的几个景点如仁寿殿、佛香阁、大戏楼、长廊和十七孔桥等都使用了链接按钮，与各景点的介绍相链接，便于学生在理解课文的过程中查找各个景点的资料,学生也可根据所看到的图片、文字、视频,理解作者所使用的语言以及作者的写作思路。

### (四)景点游览

进入景点游览一项后,首先向学生展示一幅颐和园的游览地形图,使学生对颐和园有一个宏观的了解,了解作者的写作顺序。地图上展示了颐和园中各景点的名称,根据课文内容,在景点游览中详细介绍了八个景点。这八个景点包括万寿山、佛香阁、德和园、长廊、仁寿殿、谐趣园、十七孔桥以及石舫等颐和园的著名景点,这八个景点都有明显的标志,鼠标放在景点上时,就变成小手形状,学生喜欢看哪一个景点可随意点击,点击每一个景点都会出现一个图文并茂的页面,页面中不但对这一景点做了简单的介绍,还有从各个角度拍摄的该景点的照片。

比如对佛香阁的介绍,就是这样的:佛香阁高41米,八面三层四重檐,建于万寿山前山的巨大石造台基上。这座台基,包山而筑,把佛香阁高高托举于山脊之上。仰视有高出云表之概,随处都能见到它的姿影。阁仗山雄,山因阁秀,万寿山在远处西山群峰的屏障和近处玉泉山的陪衬下,小中见大,气势非凡,苍松翠柏,秀色葱茏。佛香阁面对的昆明湖又恰到好处地把这个画面全部倒映出来,山之葱茏,水之澄碧,天光接引,令人荡气抒怀。中国造园家们所津津乐道的造园手法——借景,在这里得到了完美的运用和体现。

其中有六个景点的介绍中还包含有介绍这个景点的影像文件,点击即可观看,使用方便。在悠扬的乐曲声中,影像文件中的解说

员娓娓道来,画面中亭台楼阁、山泉绿竹、小桥流水、碧波荡漾、湖光山色、看山赏水、景随步移,美不胜收,怎能不让人心生热爱!在景点介绍中,针对课文中详细介绍的景点,还设置了链接按钮,直接链接到课文,学生可随时阅读课文,思考作者是怎样运用语言来描写颐和园,怎样表达自己的思想感情的。

### (五)佳作欣赏

佳作欣赏中共收集了八篇介绍景点的文章,目的在于拓展学生的视野,从课内阅读延伸到课外阅读,在广泛的阅读中提高自己的写作能力。文章包括《北京颐和园》《澳门夜景》《圆明园的春天》《黄山观云》《游黄山日记》《沙漠探奇》《采草莓》《小城丽江》。其中《北京颐和园》不同于课本中的《颐和园》,是另一位作者所创作,其写作思路和写作语言别有一番风味。植入这篇文章的目的是让学生体会不同作者面对相同的景物时不同的写作思路,所运用的不同语言的妙处,以及所表达的不同角度的思想感情。特别值得一提的是,植入的文章中还有一篇明朝著名旅行家徐霞客的作品《游黄山日记》。这篇文章是一篇古文,是徐霞客初游黄山时所作。黄山是他游白岳山后所游览的又一名山。该文颇为详细地记叙了黄山的几大旅游资源和景色特点,如黄山温泉、黄山松等。同时也记录了一路游程的艰险,如踏雪寻径、凿冰开路等。对天都、莲花二峰也有侧面描绘,对石笋矼、天平矼等胜景赞颂备至。该文颇能显示徐霞客写景状物的功夫,遣词造句都精当巧妙,其章法开合有度、松紧适中,对雪光山色的渲染也使不同景色相得益彰。该文可以看作是对黄山胜景的总体描绘,有此基础,他的第二篇黄山日记便会有更多的余地来细述黄山天都、莲花二峰以及黄山雾海。本篇文章的目的在于让已经初学古文的学生体会我国古代名家佳作的文字之美,在阅读中提高学生理解古文的能力。

## （六）学习乐园

《颐和园》课件的精华就在于"学习乐园"一项。学习乐园摒弃了以往只出一些简单的思考题供学生思考即完成任务的习惯做法，在思考练习的基础之上，根据课文的内容设计了写作训练。"学习乐园"共设计了两项内容。

第一项是课文思考，共有三组题。

第一组设置两道思考题：第一题，仁寿殿、佛香阁、大戏楼和长廊都给你留下了什么印象？找出重点语句说说景物的特点。第二题，全文详细介绍了哪些景物？简略介绍了哪些景物？归纳本文的写作顺序，想想为什么这样安排？

第二组题需要让学生在阅读课文的基础上写出：课文是按＿＿＿＿顺序连段成篇的。

第一、二组思考题的目的在于让学生通过阅读与了解本文，理清本文的写作思路，了解作者的写作手法。

第三组题是让学生在阅读课文的基础之上把自己喜欢的词语记下来，让学生有意识地积累词汇。这组题的设计如下：读一读下面的词语，结合课文想想它们的意思。选择自己喜欢的记下来。

| | | |
|---|---|---|
| 变化无穷 | 千姿百态 | 数不胜数 |
| 山泉绿竹 | 栩栩如生 | 美不胜收 |
| 豁然开朗 | 小桥流水 | 碧波荡漾 |
| 柳暗花明 | 重峦叠翠 | 湖光山色 |

学习乐园的第二项就是写作训练。良好的开端等于成功的一半，要让学生喜学乐学，就得千方百计地让他们入境体验。为激发学生的兴趣，在写作训练的第一个页面中以小猴子为向导设计页面，并用导语进行提示："同学们，你去过龙泉宾馆吗？龙泉宾馆是门头沟一个小小的旅游胜

地。它位于永定河畔，院内亭台楼阁、小桥流水，建筑风格古朴典雅，院落与主楼由长廊相连，有'小颐和园'的美称。现在，咱们一起跟着小猴子去龙泉宾馆看一看好吗？不过，旅游回来，你一定要写一篇旅游日记，把龙泉宾馆的美景记下来，好吗？"这段导语为学生创设了情境，学生点击小猴子，通过小猴子的引导进入龙泉宾馆的界面。在悠扬的《渔舟唱晚》的乐曲声中，一幅幅龙泉宾馆的照片出现在屏幕上，有龙泉宾馆的花园、大厅、夜景，龙泉宾馆的全貌以及宾馆附近的永定河。每幅图中都有各景点的名称和简单的介绍。悠扬的乐曲与美丽的图片结合，使学生有了更加直观的感受，情景交融，必能激发学生对龙泉宾馆各景点的热爱之情，产生写作的欲望。在此基础上，让学生根据所看到的图片写一篇旅游日记，在小猴子的提示下进入写作区，写作区提示学生如何打开记事本，写完之后注意保存。

## 二、《颐和园》课件的特点

《颐和园》课件的设计与制作是根据本校的教学环境与周边的地理环境的特点，根据教学的需要与学生的需求选取素材的。本课件从课内延伸到课外，改变了之前语文课堂中"一问一答""一支粉笔一张口"的教学方式，主要体现在以下两个方面。

### （一）针对学生进行教学内容的设计

多媒体技术是非常有效的知识表达和信息传输的工具，它丰富的表达方式可使原本单调枯燥的课堂变得更充实、更形象、更具吸引力，从而提高学生的学习热情和学习效果。对于一个学科而言，适合制作成课件的内容是有限的。况且，不同的人对相同的问题持有的看法不同，同样，一千个教师对于一个选题也有一千种课件。这种不同绝不仅仅是在电脑制作中图片、动画和声音等素材的差别，而是对教学内容的组织角度和教学思路的差别。"横看成岭侧成峰，远近高低各不同。"的确如此，同样的教学内容有着不同的教学组织角度，选取怎样的角度，是教师多年教学经验和自身素质的综合体现。但有一点是肯定的，那就是必须推陈出新，必须集百家之长。教学内容要以课本为蓝本，但又要对课本内容进行筛选、补充和重组，突出重点，解决难点，做到源于课本，高于课本，方能不落俗套，内容出新，切不可将课本内容简单地电子化。《颐和园》课件针对本篇阅读课文，通过让学生使用本课件进行自主学习。在课件的使用中学生不但了解了课文内容，理清了作者的写作思路，理解了作者根据景物的特点如何运用语言来表达自己的思想感情，积累了课文中的词汇，而且还欣赏了佳作，拓展了视野，从课内延伸到课外，在广泛的阅读中提高了自己的写作能力；写作训练通过情境的创设、图片的展示，再加上悠扬乐曲的熏陶，激发了学生的写作兴趣，使学生产生写作欲望。

### （二）针对学生学习方法和认知规律的设计

上课用课件的主要目的不是展示学校现代化教学的成果，让课件成为一件时髦的外衣。课件的真正价值体现在教学之上，目的是要更好地为教育教学服务。课件制作一定要遵循学生的认知规律，让学生通过多媒体教学手段更好地掌握知识。如果利用多媒体教学达不到这个效果，那么，这个多媒体课件就是失败的。《颐和园》课件正是遵循了这一规律，让学生在自学课文、了解作者的写作思路、体会作者如何运用优美的语言来表达自己思想感情的基础上，再阅读一些课外描写景点的文章，拓展学生的视野，从课内延伸到课外，在广泛的阅读中提高学生的写作能力。在此基础上，再给学生创设情境，引导学生在悠扬的乐曲中欣赏龙泉宾馆周边各个景点的图片，产生写作欲望。这种由课内延伸到课外的阅读，再让学生进行写作，是一种行之有效的学习方法，是遵循学生的认知规律的。

1. 良好的交互性

多媒体课件可以在内容的学习上提供良好的交互控制，运用适当的教学策略，指导学生学习，使学生更易于理解课文。《颐和园》课件中把课文欣赏与景点游览有效地结合起来，自由点击，既可以在阅读课文时根据所介绍的景点到景点游览中去查询有关资料，使学生更深入地理解课文内容，又可在景点游览过程中随时点击查询课文中作者是如何运用语言来介绍景物的。正是多媒体技术的特性，使比较枯燥、难以理解的教学内容借助多媒体工具得到了较好的呈现。

2. 重视课件的页面设计

一个好的课件应该使学习者感觉形式新颖、印象深刻、生动有趣、简单好用，这主要是靠课件的页面设计来实现的。良好的页面设计对激发学生使用课件的积极性和有效地与计算机交换信息都有着十分重要的作用。课件设计者在进行页面设计时，对页面上出现的各种信息（文本、图形、图像、动画、按钮以及声音）应做出既符合教材要求，又突出多媒体特征的布局。《颐和园》课件页面中的图片都是通过 Photoshop 处理制作的，课件导入的页面、颐和园的历史简介、课文欣赏、景点游览以及写作训练中龙泉宾馆的介绍、图片（包括背景图）、文字、音乐、制作的按钮，处处渗透着古香古色的韵味；而在"学习乐园"中，根据学生的兴趣需求选取以卡通类图片为主的页面设计，又激发了学生的兴趣与学习的欲望。

《颐和园》课件的制作从课内到课外，无论是素材的选取还是技术的制作都精良优美，最终在课堂呈现等方面取得了显著的效果。

总之，多媒体课件作为一种崭新的教学手段，使教师的主导作用与学生的主体作用得到充分的发挥，是师生在教学中互相传递信息的工具，其技术的先进性不可忽视。但它也只是一种"电子教具"，在 CAI 课件制

## 第二部分 教学论文

作和使用中,注重与课堂教学的规律及特点相适应,与其各个环节紧密配合,才能发挥其独特的、不可替代的作用,才能真正体现 CAI 的优势,达到教学过程最优化的目的。同时促进学生更好地学习,强化教学效果,提高教学质量。在这种崭新的教学手段的推动下,教师应该不断积累经验,努力探索制作技巧,制作出更多图文并茂、形声俱佳的优秀课件,努力获得最佳的教学效果,这是我们每一位教师应尽的职责,也是每一名学生的呼声。

# 抓住教材中的传统文化内容拓展阅读空间

唐雪晴

《义务教育语文新课程标准》中指出:"培植学生热爱祖国语言文字的情感,养成语文学习的自信心和良好习惯,掌握最基本的语文学习方法。""具有独立阅读的能力,注重情感体验,有较丰富的积累,形成良好的语感。学会运用多种阅读方法。""能初步理解、鉴赏文学作品,受到高尚情操与趣味的熏陶,发展个性,丰富自己的精神世界。"

生活中,我们处处可以感受到丰富多彩的中华传统文化。中华优秀传统文化是中华民族智慧的结晶,具有很高的审美价值和很强的艺术感染力,对于陶冶学生情操、培养审美能力、提高学生文化素养至关重要。在小学语文课堂教学中渗透传统文化,不仅能够提升学生的语文素养,还可以将中华优秀传统文化烙印在学生心中。

## 一、课堂学习——开拓中华优秀传统文化的学习方式

### (一)关注国家课程中有关中华优秀传统文化的内容

1. 把握单元主题,开展学习研究,激发阅读兴趣

中国是一个历史悠久、文化资源丰富的国家,几千年的历史积淀了丰厚的传统文化。世界文化遗产、传统文化、民间工艺、艺术、风俗、传统节日等都蕴含着深厚的文化传统。而这些具有丰富传统文化特色的

内容，在教材中都有体现。现行的人教版教材以单元主题的形式呈现中华传统文化，学生在阅读课文的时候，能够从多个侧面了解中华传统文化的博大精深。学习课文以后，学生开展综合性学习，拓展阅读空间：搜集文化名人的故事，讲故事；摘抄古诗词，诵读；利用假期精读优秀古典小说，写读后感；举行弘扬传统文化的手抄报比赛等。学生在查找资料、阅读资料、筛选资料的过程中，既可以增强对中华传统文化的了解，提升文化品位，激发课外阅读的兴趣，扩大阅读量，同时也能提高综合应用语文的能力。

2. 重视古诗教学，感受古诗意境，促进阅读积累

古诗词是中华民族的文化精髓，读起来抑扬顿挫，美不胜收。学习古诗词还可以陶冶学生的情操，培养学生的想象力，提升学生的文学素养。教师要抓住古诗"诗中有画"的特点，把诗与画结合起来进行教学，通过作画，具体而形象地再现古诗中的意境，唤起学生丰富的联想，从而引导学生深入体会古诗的画面之美。

例如，学生在学习脍炙人口的送别诗《黄鹤楼送孟浩然之广陵》时，大多能够运用观察插图、查看注释、联系生活实际等多种方法学习古诗，大致了解诗句的意思，但他们对文本的深入理解还需教师的指导，在教师的引导下才能与诗人产生情感的共鸣。之前学生已经学过另一首送别诗《赠汪伦》，初步了解了送别诗，能够借助注释和生活实际了解古诗的大意，感受诗歌描述的情境和表达的情感。但古诗是高度凝练的语言，诗中的深厚内涵对于学生来说并不容易感受，因为他们缺乏相关的生活经历，所以教学中教师要借助丰富的教学资源带领学生走进诗境，感受诗意，体会诗人之间的深厚情谊。教师的引导主要凸显在如下两个方向：一是使学生在反复诵读中感受朋友之间深厚的友情；二是继续积累诗句，培养学生对古诗词的热爱之情。这首七言诗描写的是春天里李白送别好友孟浩然时的情景，借景抒情，表达了朋友间的依依惜别之情。细读文

本，可以透过文字与景物感受到：诗人巧妙地将对好友的一片深情寄托在对自然景物的动态描写之中，将情与景自然地融合在一起。课后开展"赛诗会"活动，激发学生主动阅读与积累送别诗的浓厚兴趣。

3. 关注语文园地的内容，主动拓展阅读，拓宽学习思路

各个年级段的《语文园地》中都编入了有关中华传统文化的内容，旨在丰富学生的语言积累，同时让学生了解、吸收中华优秀传统文化，促进语文素养的培养。我们在教学中也不可忽视这一点。"日积月累"这一栏目，编有成语、古诗词名句、楹联、谜语、谚语、歇后语等，这些内容活泼，新颖，学生在熟读成诵的过程中，不但能积累语言、积淀文化，还能体味到中华优秀传统文化中宝贵的人文价值。

**（二）将国家课程与地方教材融合学习**

习近平总书记指出："古诗文经典已融入中华民族的血脉，成了我们的基因。我们现在一说话就蹦出来的那些东西，都是小时候记下的。语文课应该学古诗文经典，把中华民族优秀传统文化不断传承下去。"《义务教育语文新课程标准》还强调，语文课程要以"认识中华文化的丰厚博大，吸收民族文化智慧，关心当代文化生活，尊重多样文化，吸取人类优秀文化的营养，提高文化品位"为目标。

语文课程中，也涉及古代楹联的学习。古人对对子，内容广泛，涉及生活中的方方面面。因此在了解对子形式特点的基础上，还要让学生了解它描写的内容，体会对子语言的精练、准确和优美。

《声律启蒙》是《中华优秀传统文化》第二单元的文史篇中引用的一部经典书籍，本单元的主题是"声韵熏陶"。引用《声律启蒙》中的经典原文引领学生了解古人写文章时所讲究的用词的准确性和音韵的和谐，以此来使得文章读起来朗朗上口。将语文教材中的《古对今》与《中华优秀传统文化》中的《用韵如兵》相结合，通过《声律启蒙》中的经典

第二部分 教学论文

原文引领学生初步了解古人如何对对子，探寻对韵歌中的文化，感受对韵歌的魅力，让中华优秀传统文化在学生心中生根发芽，为课下学生阅读积累奠定基础。

## 二、参与活动——激发对中华优秀传统文化的积累兴趣

学校通过丰富多彩的活动积极为学生搭建展示的平台，举办"古诗诵读擂台赛"，学生经过自主积累、个人对抗赛、班级角逐、年级竞赛，在层层选拔中相互学习、相互提高，在校园掀起学习、积累、诵读古诗的热潮。

中华民族传统文化博大精深、源远流长，它就像一座巨大的宝库，是整个世界文化的重要标志和丰厚遗产。作为一名小学语文教师，应把它和语文教学相结合，与生活相融合，尽自己的绵薄之力去弘扬和传承。

# 心理干预在小学心理教育中的应用

康 艳

## 内容摘要

随着我国教育事业的不断发展,心理干预在小学心理教育中的应用越来越广泛,也被广大家长和教师所认可。小学生的注意力常常不够集中,活泼有余,专注不足,在实际的成长过程中,容易受到一些不良因素的影响,所以就要采取适当的方式来对小学生进行心理教育。心理干预就是一种非常重要的形式。本文就目前小学心理教育中存在的问题做出了详细的论述,并且针对这些问题提出了心理干预在小学心理教育中的应用措施,供相关部门参考和借鉴。

## 关键词

心理干预 小学心理教育 应用

在小学生的心理教育中,教师要采取适当的方式来对学生进行心理问题的辅导,帮助学生调整自己的情绪,形成良好的学习和生活习惯,从而能够有效地减少生活和学习中遇到的困难,帮助学生更好地应对学习的压力和挫折,从而使得学生的心理得到健康的发展。

第二部分 教学论文

## 一、目前小学心理教育中存在的问题

### （一）校方对学生的心理教育不重视

受传统观念的影响、大多数小学非常重视学生文化课的学习，而忽视学生的心理健康教育，这就导致教师和学校在制定教学大纲的时候，将大部分的时间留给语文、数学、英语等文化课，留给心理健康教育的时间少之又少。不管是学校的领导还是老师，都普遍认为对学生进行心理健康教育并不那么重要，家长理应对学生进行心理健康教育，所以不用在学校里浪费时间，这就导致对学生的心理健康教育的整体重视程度不够。一些小学虽然会开设心理咨询室，但也仅仅是形式上的，并没有充分发挥其实际的作用，这种种情况都不利于学生的心理健康。

### （二）学生的亚健康心理状态

调查研究发现，目前很多小学生处于亚健康的心理状态。有的学生虽然有着良好的学习成绩，但是心理却很脆弱，遇到一点困难或者挫折就接受不了，表现较为消极；有的学生则表现出严重的逆反心理，严重违背教师和家长的正确教育；还有的学生的自制能力比较差，在学习过程中，经常管不住自己，在实际的课堂教学中经常出现违反纪律的情况。小学生正处于各方面全面发展的时期，心理机能也逐渐成熟，这样的亚健康的心理状态会严重影响学生的心理健康，导致学生的心理发展出现危机。这就要求教师要对小学生进行适当的心理干预，从而促进学生的心理健康发展。

### （三）不能将理论和实践充分结合

在对小学生开展心理健康教育时，不能仅开展理论层面的教育，只给学生传授抽象的理论知识，在实际的教育过程中，也要根据学生的实际情况进行必要的实践教育，让学生能够在实践中理解理论知识。但是很多教师在对学生进行心理健康教育的时候，并没有引导学生参与到相关的实践活动中去，也没有在理论知识的学习中贯穿实践的锻炼，这就导致学生不能将理论知识和实践充分结合，学生对理论知识的学习没有积极性，不能充分理解其内在含义，所以心理健康教育对学生的情感态度和价值观的树立并没有起到引导作用，从而直接影响心理健康。

### （四）家长忽视对孩子的心理健康教育

在家长对孩子进行心理健康教育的过程中，受传统观念的影响，家长常常只把关注的重点放在孩子的成绩上，对学生的心理教育并不重视，敷衍了事。学生面对繁重的学习压力，容易产生消极的不良情绪，再加上没有得到合适的疏导和教育，消极情绪会逐渐严重，长期下去，对学生的健康成长造成了非常严重的影响。

## 二、心理干预在小学心理教育中的应用措施

### （一）班主任引导

班主任可以担任心理健康教育的辅助者。班主任是对本班级学生最了解的人，有的学生在班级中出现不合群、自卑等消极状态时，班主任可以第一时间发现，通过对学生进行辅导、给予倾听等科学的方式，从学生的实际出发，更好地帮助学生融入班集体中，适应学校生活，最大限度地促进学生的心理健康发展。

### （二）小学心理学课程

随着我国教育事业的发展，小学开设的课程也逐渐增多，心理学课程的设置也被大多数学校认可，这就给学生的心理健康教育提供了更好

的落地机会，心理教师可以通过小学心理学、团体辅导等活动对学生进行心理干预，学生在心理课堂上可以大胆地说出自己心中的想法，这样有助于学生舒缓压力，释放天性。而且现在大多数家庭是独生子女家庭，最初进入团体生活，易出现争抢、不愿退让等行为，从小学一年级开始开设小学心理课程，对提高班级凝聚力有着非常大的帮助。

### （三）心理游戏

心理游戏是对学生进行心理干预的主要措施之一，在课堂教学中，教师可以根据教育的目标和内容将游戏融入教学过程中，引导学生在心理游戏中充分认识自我、发现自我，从而能够进行良好的情绪调控，正确解决成长过程中遇到的问题。在学生的心理健康教育课堂中，利用游戏创造轻松愉悦的课堂氛围，能够将知识以寓教于乐的形式传授给学生。这种方式能够将学生的注意力充分集中，引发学生的学习兴趣，促使学生在轻松的环境中获得知识和技能，提高学生心理健康教育的教学效果，让学生更好地成长。

### （四）家校合作，促进学生健康成长

在对学生进行心理健康教育的过程中，要想获得较强的心理干预效果，就要积极采取家校合作的方式对学生进行教育。在采用家校合作的形式进行心理健康教育时，一方面，要做到教师和家长的充分沟通和交流，让家长了解孩子的在校情况，教师也能够明确知晓孩子在家中的表现，从而全面地对学生的教育效果进行分析，让孩子针对具体的教育内容产生准确的理解和认识；另一方面，家长和教师应该创新教育方式，为学生的心理干预提供充分的准备。家庭教育会对孩子的心理健康教育产生深远的影响，因此可以予以充分利用，以便对孩子的心理问题进行有效的解决，与学校的教育形成强大的教育合力，循序渐进，让小学

的心理健康教育充分发挥作用。

### （五）改善师生关系

对于教师来说，可以通过改善师生关系实现对学生的心理干预。有的学生在出现心理问题之后不愿意跟教师说，学生认为教师就是权威性的存在，害怕被惩罚，所以在日常的学校生活中，学生和教师的关系比较紧张，彼此的交流也比较缺乏。针对这一情况，教师可以与小学生交朋友，让学生对教师敞开心扉，有什么困难或者挫折都可以对教师说。教师要给予学生足够的关心和安慰，在处理学生实际的心理健康问题时要注意给学生足够的尊重，不能打击学生的自尊心，还要根据学生的实际情况与学生进行良好的沟通和交流，从而及时有效地解决学生的心理问题，提升学生心理健康教育的效果。

### （六）转变观念，重视小学生的心理干预

在上面的论述中我们也提到，对学生的心理健康教育不重视会给学生造成诸多影响，因此教师和学校要及时转变观念，重视对小学生的心理干预。在他们的成长过程中，给予适当的课程安排，让学生能够在心理健康教育课上进行有针对性的学习。学校不能只注重学生文化课的学习，心理健康的教育也是不能忽视的。另一方面，心理健康教育课上，在对学生进行理论知识的传授时，教师还要注意加强学生实践能力的培养，可以在实际的教学过程中给学生提供一些心理问题的实际案例，让学生通过讨论、交流等方式找到问题的解决办法，加强学生对知识的理解，避免学生出现心理问题，增强心理健康教育的学习效果。

## 三、总结

综上所述，心理干预在小学心理教育中的应用对提升学生心理健康

教育的效果具有重要的意义,虽然在实际的教育和应用过程中还存在一些不可避免的问题,但是教师、学校、家长要努力克服这些困难,转变教育观念,重视学生的心理健康教育,还要采取家校合作的方式来改善师生关系,让学生对教师敞开心扉,从而最大限度地保证学生的心理健康教育取得良好的效果,让学生健康快乐地成长。

## 参考文献

[1] 万亚越.心理干预在小学心理教学中的应用[J].中国农村教育,2019(36).

[2] 刘娟.心理干预在小学心理教育中的应用[J].连云港师范高等专科学校学报,2017(4).

[3] 孔艳婷,张劲松.儿童心理危机干预培训课程对提高小学生心理危机知识的作用[J].教育生物学杂志,2014(1).

[4] 周丽.分析目前小学心理健康教育中的问题及应对策略[J].教育,2016(11).

# 浅谈信息技术与学科教学有效整合中的困惑

韩 同

## 内容摘要

当今世界已迈入信息化时代，现代信息技术的广泛渗透改变着人们的生活、学习和工作，信息产业正逐步成为全球最大的产业。在这股席卷全球的信息化浪潮的冲击下，城市规划、城市建设、城市管理、城市的传统形态与功能等诸多方面也无一例外地受到了现代信息技术的强大影响。而现代信息技术的飞速发展，既给学校教育带来了发展的机遇，也使学校教育面临严峻的挑战。信息技术与学科教学的整合问题也越来越为大家所关注，如何提高其有效性成为现在研究的热点。要实现有效整合，只有明确了整合过程中的困难和障碍，有针对性地提出对策和建议，才能解决教师在整合过程中遇到的困难和障碍。

## 关键词

信息技术　学科教学　整合

在信息技术应用的教育领域中，信息技术与学科教学有效整合一直是大家关注的问题。"整合"只是分化了学校教学系统中的各要素及其各成分之间形成有机联系后合并为整体的过程。

狭义上，课程整合指的是各学科之间（包括各学科内部各分支之间）的整合，即各学科互相联系加以学习。教育界表示，整体综合、渗透、重组、互补、凝聚等是把信息技术作为学习工具来改变教与学的一种方式。信息技术主要作为一种工具、媒介和方法融入教学的各个层面中，包括教学准备、课堂教学过程和教学评价等，这是信息技术与课程整合在初级阶段的实践和运用。

广义的课程整合则是以重新审视社会信息化对课程带来的质的变化为基础，将信息技术融入课程的整体中去，改变课程内容和结构，变革整个课程体系，即要求我们从教学理念、教学目标、教学内容、教学手段和教学策略等方面进行全面的变革。

在信息技术与学科教学整合的过程中，目前，教师面临的困难和障碍如下。

## 一、对信息技术的应用缺乏信心

### （一）教师缺乏熟练应用信息技术的信心

教师使用信息技术的程度取决于教师在应用信息技术过程中的信心以及水平。那些对信息技术了解较少并缺乏信心的教师总是试图避免开展信息技术与学科教学的整合，他们对于信息技术的恐惧主要源于害怕失去自己的专业地位，他们也意识到信息技术在教学中的应用会在一定程度上降低或者削弱他们传统的教学技能。

很大一部分教师认为自己缺乏运用信息技术的能力。一方面，学生对于教师在信息技术方面的能力和预期结果不一致，这可能会导致教师的恐惧。在课堂上，面对比自己更擅长计算机操作的学生，教师会感到紧张和不安，担心自己的操作失误会降低自己在学生心目中的权威性。另一方面，教师非常不愿意在学生面前表现出自己不会使用信息设备或"不理解计算机术语及其提供的信息"，从而不愿意在教学中应用计算机。

因此他们对于信息技术和学科整合持消极态度，对于变革持抵制态度，这也是阻碍信息技术与课堂教学充分整合的一大因素。这种抵制意味着教师不愿看到自己的教学实践成果和经验被质疑、被动摇，因此要求他们改变就显得比较困难甚至不可能。

### （二）对在学科教学中应用信息技术的效果不做预期

教师往往认为信息技术并不能改善和加强学习效果，他们不能充分意识到应用信息技术给学科教学带来的益处，由此他们不大愿意在学科教学中应用信息技术。

## 二、对信息技术在学科教学中的应用缺乏培训，导致不能应对整合问题

与教师信心水平直接相关的是教师的技能水平和应用能力。为了获得基础的或更高层次的应用能力，对教师需要进行适当的培训。有效的培训对于教师在课堂教学中有效应用信息技术至关重要，而教师能力的高低与教师参加培训的质量密切相关，一并成为教师有效应用信息技术的障碍。

### （一）忽视针对信息技术的教师岗前培训

在对师范生进行岗前培训的过程中，缺乏应用信息技术的课程，这直接影响了他们在就职后对信息技术的应用。首先，教师培训机构缺乏信息技术教学法的培训，导致岗前教师无法有效地将有关信息技术的技能运用到课堂的实际教学中去。其次，没有足够的培训时间。从教育主管部门和行政部门来说，他们期望教师能够在完成既定教学任务的前提下利用业余时间参与培训。但对于教师而言，他们有良好的参加培训的愿望，却没有足够的时间来接受和实践关于信息技术与学科教学有效整合的培训。

第二部分 教学论文

## （二）教学法的培训比较少

培训形式和级别不合适往往会导致教师应用信息技术的水平比较低。当教师在应用技术上获得一定的知识和经验后，面对的常常是"不知道如何将信息技术有效地应用于备课和课堂教学过程以及管理学生学习过程中"。教师培训课程的设计和教学实践存在一定的落差，仅仅关注基本的应用技能，并不能为教师将信息技术与学科教学有效整合做好充分的准备。但最可能成为严重障碍的是培训者缺乏应用信息技术开展教学的经验，自身在课堂教学中几乎没有应用到信息技术。这些造成了培训教师并不能将其所掌握的信息技术应用知识和经验很好地传授给受训教师，因此受训教师无法熟练掌握并将其应用到实际的教学活动中去。除了教学法培训的需求外，对于教师特定技能的培训也十分重要。信息技术技能的掌握是教师能够在教学和工作中应用信息技术的基础。在技能方面，大部分教师感到他们缺乏足够的应用知识和经验，尤其是在解决技术难题的能力和理解技术的运行原理方面。

## （三）在信息技术应用中，设备条件不足、缺乏技术和行政支持

### 1. 没有足够的资源支持

接触信息技术的程度决定了教师信息技术的应用水平，有的时候，学校缺乏足够的设备导致教师接触信息技术少；还有的时候，学校信息技术设备的数量足够，但由于学校组织管理不完善，教师接触不到。通过调查研究表明，那些拥有高质量的信息技术资源的学校，其信息技术与学科教学的有效整合开展得相对较好。

对于缺乏硬件支持的学校，一方面，计算机硬件设备的不足会减少教师接触设备的机会，限制教师更好地将信息技术与学科教学整合；另一方面，硬件的质量太差也会给教师带来应用中的技术问题，降低教师

应用技术的信心。

对于在整合中缺少可利用有效资源的学校,一方面,学校缺乏对资源的最优化使用的规划和组织,这一点比硬件和资源本身的缺乏更糟糕,急需重新安置,为师生有效使用适当类型和适当数量的资源做好充分的准备。另一方面,资源的可用性差,即便学校购置了大量的资源,但能够为教师所用的软件和素材却很少,同时由于缺乏教师个体化的资源,导致教师在教学过程中无法很好地将这些资源利用起来。

2. 缺乏技术支持

要应用信息技术开展学科教学,必然会在应用过程中遇到信息技术本身带来的问题。无法有效整合的教师们常常会抱怨硬件和资源的过时和老化,教师们在应用信息技术过程中也难免会碰到很多技术本身的使用问题,导致设计良好的教学课件无法顺利实践,这也是教师应用信息技术时最直接的障碍。另外,除了硬件设备、软件资源和技术支持上的外部保障条件外,学校领导的重视及其行政上的支持也很重要。行政领导对于信息技术及其应用所持有的理念和态度将影响学校教师对信息技术的应用。领导重视与否,是否投入硬件和资源,能否在信息技术教学应用方面给予政策支持是关键;在教学评价和考核上,行政对于信息技术应用的正确态度将成为教师进行有效整合的助推力量。

以上所列的造成教师有效整合的障碍与困难的因素并不是孤立的,而是有着紧密的联系,它们之间的相互作用共同构成了教师有效整合的障碍因素。如何将信息技术和课堂教学有效整合,需要我们共同克服眼前的各种难点和困惑,以便使自己的课堂更加精彩。

**参考文献**

李芒,等. 学校课堂教学策略及其模型的研究 [J]. 教育技术通讯 2001 (5).

# 第三部分　师德师风

# 用爱铸造崇高的师德

陈林林

教书育人,是教师的光荣职责,而为人师表,又是育人的基础和前提。教育家乌申斯基说过,爱是"任何教科书、任何道德箴言、任何惩罚和奖励制度都不能代替的教育力量"。正因为教师从事的是"为人师表"的神圣职业,一言一行都会影响到下一代的成长,所以教育家夸美纽斯将教师职业比喻成"太阳底下最光辉的事业",人们也把教师比喻成"辛勤的园丁",比喻成"爱心大使",比喻成"人类灵魂的工程师"。因此,教师完善的人格和崇高的师德,对学生成长起着潜移默化的作用。

作为教师,不管是在教书还是在育人方面,都要严格要求自己,处处用爱去铸造崇高的师德。

## 一、崇高的师德

俗话说:"教学是一个良心活儿!"这句话一针见血地道出了师德的重要性。师德高尚的教师会用自己的言行影响学生,潜移默化地感染学生,在传授知识的过程中,教会学生如何做人;师德高尚的教师,会不断更新教育观念,教学中指导学生学习,传授学习方法,使学生终身受益;师德高尚的教师,会时时处处默默耕耘,无私奉献,像蜡烛一样燃烧自己,无怨无悔。当看到学生们羽翼丰满、展翅高飞时,教师们备感欣慰;当听到学生"老师,您辛苦了"这句普通的问候时,他们的疲惫

第三部分 师德师风

就烟消云散。

"勤勤恳恳、默默无闻"是老黄牛的精神,"采得百花成蜜后,为谁辛苦为谁甜"是蜜蜂的精神,"燃烧自己,照亮别人"是蜡烛的精神。每种精神的背后,都是一种奉献与牺牲。教师的精神力量从何而来?应该就是高尚的师德吧!

一位哲学家说过:"人的一生只有三个日子:昨天、今天、明天。昨天叫无奈,今天叫无畏,明天叫无悔。"我已年过半百,蓦然回首,感慨平凡中孕育了伟大,在教育工作中,我收获了无尽的幸福。

## 二、光辉的事业

雨果曾说过:"花的事业是尊贵的,果实的事业是甜美的,让我们做叶的事业吧,因为叶的事业是平凡而谦逊的。"教师就像那默默奉献的绿叶,时时刻刻衬托着鲜花的娇艳。

"师者,所以传道授业解惑也。"教师的品德和素养是教师发展的一个重要前提,只有对"怎样做一名好教师"这一问题有深刻的认识,才能对自己提出更高要求。"十年树木,百年树人",踏上三尺讲台,也就意味着踏上了艰辛而漫长的育人之旅。怎样才能做一名好教师呢?

### (一)树立良好的师德

有人说,教师工作是一个"无底洞",有看不见的深度、摸不着的广度。这就要求一个有志于教育事业的教师,为了实现自己的职业理想,必须爱岗敬业,我自1990年参加工作以来一直是这样要求自己的。最艰难的要算最初入职的那几年,孩子小,没人照顾,母亲也因脑出血住进了医院,病危通知书一份接着一份,爱人因为工作关系常常数日不回家,家庭的重担全都落在我的肩上。那时候,我不知哭过多少次。但自小倔强的我在痛痛快快哭过之后,还是坚强地站了起来,咬紧牙关面对所有的困难。把孩子交给七十多岁的奶奶照看，我去医院照顾母亲，晚上边照看母亲边备课，第二天依然以饱满的热情去面对班里三十多个充满期待的学生。即便是在最艰难的时候，我也没有因为生活中的困难请过假，责任感一直支持着我，面对困难我无所畏惧，勇敢前行。

十几年来，生活中依旧有许多难处，有时候真的很难，但我从没向学校提出过任何要求，对于领导交付的工作，我全都尽自己最大的努力去完成，力争做到最好。

## （二）关爱每一名学生

面对有情感、有活力的孩子，只有洒下爱之甘霖，才可促其成长。学生有了进步，我们不能沾沾自喜，要引导他们走向更广阔的天地；学生有了过失，我们不能急躁，要指导他们认识、改正错误，一切讽刺、挖苦都是不可取的。作为教师，既要喜欢"春光明媚，鸟语花香"，又要容得下"乌云密布，电闪雷鸣"，因为，站在我们面前的是一群天真无邪、烂漫如花的孩子。

师爱，是学生接受教师教育的桥梁。

其实，当老师的，都想当个好老师，都知道要对学生付出爱心。但如何在我们的教育工作中体现老师的爱呢？

### 1. 严格要求学生

古人云：教不严，师之惰。严是爱、松是害，学生是有思想的个体，懂得什么是对他们好，什么是对他们不好。老师的爱，不是对学生的纵容，而是对学生的严格要求。

在我当班主任期间，学生跟我的感情非常融洽，他们就像我的孩子，我会严格要求他们，但也非常疼爱他们。有一个学生家庭条件不好，父母都是残障人士，家里还有一位八十多岁的老奶奶，每天都是失明的妈妈把他送到学校，一家生活十分困难。在上课期间，这个学生常说肚子

第三部分 师德师风

痛,我关切地询问是怎么回事,原来是家里没什么吃的,早晨不吃早饭,很早就出来上学。了解此事后,我每天都多带一些吃的去教室,等孩子早上到校后,给他倒些热水,看着他把东西吃下去。时间长了,他的家长知道了,全家人到学校来道谢。后来我还时常去家访,鼓励孩子一定要努力学习。在学习上,我对那个孩子的要求非常严格,不允许他掉队。

当然,老师的严格不是一种容不得学生犯任何错的苛求,老师的严格体现在对学生思想品质、行为规范、组织纪律的正确引导上,体现在教会学生为人处世,培养创新精神的真诚付出上。

2. 尊重理解学生

讲台不是上下尊卑的分界线,学生有他们独立的人格,他们也渴望得到老师的理解和尊重,希望得到老师的肯定和赞许。老师若放下架子,走进他们的学习和生活,尊重他们的建议和意见,理解他们的思想,就能拉近师生之间的距离,使学生明白、理解和接受老师的教育思想。老师的言行举止尊重学生,学生就能体会到老师对他们的关心和爱护。老师要给学生留出自由的空间和时间,让他们获得发展的主动权,让他们用自己的双手来描绘他们的未来。这就是理解和尊重,这就是师爱。在我教的学生中就有这样一个孩子,他在其他的课上总是因为不停地说话、做小动作,管不住自己,惹得老师们都不喜欢他。通过观察我发现,只要老师点到他,他立刻就把头埋得低低的,显得很自卑。于是,在我的课堂上,我随时关注他,从他身边走过时,常用手抚摩他的头顶,我们之间的距离就此拉近。时间长了,他也和我亲近起来,在我的课上他很少随便说话,并且能积极地举手发言,听课效果也非常好。

理解和尊重孩子的人格,不是让他们自由地发展他们的人格,而是在老师的爱心引导下,使学生自觉地发展健康的人格。

3. 宽容学生

学生接受教育的过程,是人格完善的过程。老师不仅要教给学生知识，还要教他们怎样做人。学生是鲜活而又有丰富内涵的个体。学生犯了错，老师要怀有宽容的心，该批评的就善意批评，该规劝的好言相劝，该谅解的就诚心谅解。慈祥的面孔，温柔的笑容，亲切的言语，文雅的举止，以及善解人意的目光，比声色俱厉的严格更能贴近学生的内心，更能取得教育的实效。教师，应以宽容、博大的胸怀，应以诲人不倦的精神，用人格的力量来影响学生的言行举止，照亮学生的心灵。在我的一节评优课上，一个学生可能由于天气骤然变冷，脾胃不调，在课讲到一半的时候，一下就吐了，吐得到处都是。学生们立刻就乱了，有的说真恶心，有的说真难闻……这个学生也觉得不好意思，说："老师，我……"我安抚道："孩子，没事。"我扶着他走到门口，说："你先去洗一洗，然后到老师办公室休息一会儿，下课了老师去看你，好吗？"送走了这个学生，我转回头，像没有发生过任何事情一样继续讲课。同学们看到老师的做法，也悄悄地投入了学习当中。很快就下课了，把听课的领导送走，让学生们排队离开了教室，这时我才开始收拾。学生就和自己的孩子一样，作为老师，就应该爱护和照顾自己的学生。收拾好教室我便回办公室看生病的学生，询问他的情况，叮嘱他要好好休息。

4. 关心学生

学生在一天天长大，理解能力、辨别能力正逐步形成。成长有成长的烦恼，为学习、为生活、为朋友、为家庭，甚至为一件物品、为某人的一句话，等等，学生都会感到困惑，甚至感到困扰。老师比学生生活经验丰富，有着更强的理解能力和辨析能力，不妨多留心、多观察、多关心他们的学习、生活，帮助他们解决各种困惑、困扰，指导他们学会学习，学会休息，学会自强自立，学会处理人际关系，让学生健康、快乐地成长。

之所以选择教师这个行业，源于我对学生的热爱！虽然这个职业不会带给我令人羡慕的财富和权力，不会让我拥有显赫一时的声名和荣誉，

第三部分 师德师风

也不会给予我舒适和安逸,但我还是坚定地选择了它,因为我知道,所有的职业都在改造世界,而唯独我所从事的职业是在创造世界,我所收获的是无法用金钱衡量的生命价值和幸福成果。生活的目的,不在于显耀和享受,而在于精神上的充实和事业上的成功。没有战士,谁也当不了将军;没有水手,谁也当不了船长;没有教师,就没有我们今天的人类文明!

我愿做园丁,培育祖国一代又一代幼苗;我愿做蜡烛,燃烧自己,照亮别人;我愿做人梯,让孩子们踩着我的肩膀登上成功的巅峰!甘为人师,乐于奉献,成为最伟大的塑造人类灵魂的工程师,是我最大的心愿。

## 责任在心　传递爱的正能量

杨　晴

十八岁之前，我的梦想并不是成为一名教师，也从来没有想过像现在这样站在三尺讲台上。是她，我的高三班主任，在我的心中埋下了梦想的种子。那一年她对我们的付出让我感受到教育中真正的爱，不仅仅是天冷时的嘘寒问暖、交流时的笑脸相迎，更是对学生的成长乃至未来一生的负责。我被她所感动，"长大以后成为她"便成了我的梦想。

2013年大学毕业后，我在红旗小学实现了梦想，像她一样走上了讲台。但我并非师范院校教育专业出身，刚踏上讲台的我，有太多的不解和困惑。幸运的是，校领导为我分派了一位优秀的师傅，从踏进学校实习的那天起，就有老教师一对一地指导，还有同组教师无私的帮助。更有校领导的精心培育，多次为我请来教研员听课、指导，给我提供展示、锻炼的平台。我渴望自己在专业上快速成长，以优秀教师为资源，多次争取外出学习的机会，从他们的实践和经验中汲取营养。

为了创造有效课堂，每节课前我都认真细致地进行研究，利用网络、书籍拓展教学资源，将所看所思记录下来，丰富我的专业素养。我还养成了勤于思考、勤于记录的习惯，每天都拿起笔，将教学中的所思所想记录下来——点滴的体会都是教育智慧的积累。就像吴正宪老师所说："人生中许多美好的事情都是从勤奋进取中获得的，在通往成功的路上没有捷径可走。"一分耕耘，一分收获，通过几年的努力，我终于取得了小

## 第三部分 师德师风

小的成绩，这些荣誉都是我在红旗小学成长的体现。在这里，我不仅得到了专业上的成长，更感受到家一般的温暖。

首先，我是一位数学老师，我希望孩子们被兴趣领进课堂，在这个40分钟的课堂里体验到参与的快乐、成功的快慰、创造的喜悦，感受到数学带给他们的心灵满足感。所以我努力实践，让学生快乐地学习数学，提供给他们丰富多彩的数学学习内容，让每位同学都能够在课堂中收获、成长。在认识人民币时，我在班级里创设模拟商店，让孩子体验真实购物的情景，并鼓励学生将所学应用到生活中。在学习测量时，我将操场变成课堂——身体上就有尺子，我们一起测量篮球场的长度和宽度，切身体验1千米有多长。在学习方位时，我跟孩子们一起观察校园的每个角落，制作学校的平面图和指南针。学习认识平面图形时，我组织学生开展"巧拼七巧板比赛"，不仅能发散学生的思维，增强学生的动手能力，还提高了学生学习数学的兴趣。一系列活动让学生感受到学数学其乐无穷，数学知识无处不在。

2018年开始，我担任我校数学教研组组长。我们以聚焦数学素养为核心，以课题研究为载体，提升学生的数学学科素养，营造数学学习氛围。最有效的学习就是研究。首先，在这一年中，我们承担并参与了一次区级研讨活动，请教研员到校指导新教师，并为我们做培训。研讨中，我们积极地与教研员交流和讨论在教学实践中遇到的困惑和问题，专家的引领使我们有了更为深入的思考与理解。我们还创设快乐数学活动，鼓励学生参加图形大冒险、制作学具、数学演讲等活动，还带领学生参加比赛，拓展他们的视野，为他们提供更多机会认识数学、走近数学、玩好数学，进而喜欢数学。在增加学生数学活动的同时，我们也注重基础知识的掌握，在全校开展数学基础素养比赛，要求学生进一步熟练掌握基础知识，并灵活运用。这一年，数学活动的开展提高了学生学习数学的热情，增强了学生应用数学的意识，"数学"在学生们的眼中不再是枯燥乏味且烦琐的代名词，而是他们探索知识、展示才华的一个广阔舞台。

　　同时，我还是一位班主任，在班级管理中，我以多种有趣的评价方式激励学生，帮助他们养成好习惯。比比我们谁爬得高，哪组得到的星星最多，谁能用积分币换取更多的小礼品，还有期末抽奖呢！为了时刻激励他们，我还在积分币的后面刻上我们学校的校徽和校训，以润物无声的方式督促孩子们在平日的学习、活动中养成"我是红旗一员"的自我约束意识。学生在这个过程中也体验到成功的快乐、获得奖品的喜悦以及不断进步的满足感。同时我注重培养学生的阅读习惯。为了提高孩子们的阅读量和阅读兴趣，我不仅购买了60余本图书、绘本供他们借阅，还和家长一起开展旧书分享活动，设立阅读存折，激励孩子们多读书、爱读书，将阅读变成一种习惯。作为班主任，最快乐的还是能够和孩子们共同经历很多美好时光，一起迎接新年，一起彩排节目登上舞台，一起在操场上挥洒汗水，当然也会有感到疲惫、迷茫和力不从心的时候，但有一颗颗真诚、善良的童心相伴，有机会倾听他们的智慧心声，分享他们克服困难后的喜悦，能够和他们共同成长，我愿意继续这一甜蜜的"苦差事"。

　　创造孩子们喜欢的课堂，做孩子们喜欢的老师，是我一生的追求。希望我能尽快成长为我的高三班主任那样——手持戒尺心中有光的好老师。

第三部分 师德师风

# 教师——我无悔的追求

伊彩文

什么是"为人师表"?

我是红旗小学的英语教师伊彩文,毕业于首都师范大学英语系,大学本科学历,从教近二十年,一直从事中小学英语教学工作。自从来到红旗小学,我一直承担毕业班的英语教学工作,并取得优异成绩,曾荣获"北京市课改先进个人""石景山区优秀教育工作者"等荣誉称号。

我区特级教师王能智老师是我们学习的表率。王老师亲切、睿智,他就是我心中的偶像。我决心像王老师那样,为教育事业奋斗一生,用我的满腔热情,用我的一技之长,用我的爱心和智慧去感染每一名学生,力求使每一名学生信心倍增、热爱学习。

我本科毕业于沈阳师范学院外语系,又曾在首都师范大学英语系学习。最初,我的家人、亲戚、朋友都劝我到外企工作,大家都说那样收入会高一些,条件也更好一些,但我不为所动,一直坚持在红旗小学这所较为偏僻的小学任教。因为我喜欢孩子,我热爱教育,更离不开英语课堂。课堂给了我展示的舞台,让我实现了自身的价值。我还在全区综合表彰大会上展示了自己制作的录像课,教研员及与会的专家都给予了很高的评价,说我讲课亲切自然,勇于探索创新,课堂教学有实效,体现了英语教学改革的一个特色——视听教学。大家的认可和领导的支持增强了我成为一名优秀的英语教师的信心。在教学中,我大胆尝试,在我所教年级开展了关于"小学英语阅读教学"的研究课,开辟了红旗小学英语阅读教研的先河,也为我校英语学科的校本教研提供了第一手材料。

要成为一名好教师,不仅要教好书,还要育好人。我校有部分从外地新转入的学生,由于没有英语学习的基础,上课非常吃力。我利用业余时间帮助他们补习英语,晚上或双休日也把学生带到家中学习。女儿在幼儿园摔伤了嘴和下颌,到医院缝了五针,在家休息,为了不耽误学生的学习,我把孩子一个人放在家中,坚持到学校上班,没有请过一次假。爱人埋怨我说:"孩子这么小,你不照顾。你又不是班主任,管那么多干吗?"可我觉得,爱孩子就要全身心地投入,爱是授之以知、晓之以理、导之以行的基础。

三年级的一个男孩来自单亲家庭,又刚从外地转入我校。开学之初,他没有教材,就从同学那里偷来一本书,改成自己的名字。课后,我了解到他的妈妈靠捡破烂为生,根本无钱买书,可是孩子渴望学习,急得直哭。我便利用双休日跑了几家书店,在首都师范大学的书店买到一本,送给了他,他非常高兴。书有了,但学习又有困难,于是我把他带到家里,从字母到单词再到句子给他补习英语。渐渐地,他能听懂我的课了,还积极参与各种活动。在"创新杯"英语比赛中,我给他交了报名费,结果他取得了三等奖的优异成绩。

后来,爱人看到了我的工作热情和工作成绩,在我的一再说服和不断努力下,终于渐渐发生了转变,不仅支持我工作,还主动承担起照顾孩子的责任。

后来,我发动学生进行"一帮一"结对子活动,收到了较好的效果。再后来,每教一个新的年级,我就把电话号码留给同学们,并统计好所有学生的电话,以方便学生随时通过电话向我询问英语学习中遇到的问题,也方便我及时向家长反馈孩子的学习情况,以至于一到晚上,我家

第三部分 师德师风

的电话就响个不停,家人都说"你都成了世界上最忙的老师了"。我的这点付出算不了什么,和王能智老师相比,还差得很远。如今随着信息技术的飞速发展,我在所教年级都建立了英语微信群,方便了师生间、学生间、教师与家长间的沟通与交流,促进了英语教学,效果非常好。

爱意味着耐心和宽容,爱意味着理解和尊重。作为教师,我深知这一点。在课堂上,我另辟蹊径,允许学生"接下茬",力求调动教学双方的积极性,优化课堂教学效果,培养学生在众人面前用英语流畅地发表自己见解的能力。英语这门学科,听说能力非常重要。最初,在学习"*What would you like*?"一课时,我给学生解释如何回答"*I'd like*…"时,五年级的一个同学"接下茬"道:"伊老师,我可不可以用 *I want*…来回答?"听到他的问话,我先是一愣,继而惊喜,当着全班同学的面,肯定了他的答语,并表扬了他。本来,在备课时,我只想让学生了解一种主要句型,忽视了学生的潜力,这个学生的"接下茬"促进了全班同学的学习热情,继而有几个同学向我发问,课堂气氛极好,那节课上得非常成功。此后,我的英语课上时有"接下茬"的现象,这并不影响我的课堂教学,反而促进了教学,活跃了课堂气氛,学生们也敢大胆开口说英语了。

平时,学生们总说我爱笑,因为我在自己深爱的岗位上,面对着自己深爱的学生,我的内心充满快乐,还有什么比这更幸福的呢?在这个岗位上,我实现了自己的价值,还有什么比这更自豪的呢?

一分耕耘一分收获。多年来,我积极参加全国、市区和校级的课题研究工作,积极参加各种教学研讨活动和教学大赛。我的多篇教育教学论文和教育心理论文获得全国、市级、区级奖项,我的录像课、说课展示、教学设计、教学软件多次获得全国、市区级奖项,我辅导的学生多人次获得市区级奖项,而我本人获得指导奖。我的论文《"留白"在小学英语教学中的运用》荣获全国一等奖,并已编入《教育策划与管理》杂志第一期和《石景山课改论文集》中。作为英语教研组组长,我带领本组教师做科研课题,共同进步;积极支持组内年轻教师参加区级教学大赛,帮助年轻教师听课、评课、录课,指导教学设计的编写,和大家一起学习,共同进步。

　　我是一朵无名的小花,在教坛中默默地开放,不求收获,只愿给孩子们带来些许芳香,让他们在美丽的世界中茁壮成长。